想当然

快乐读书吧
推荐书目 读后感 02
成长小说篇（上）

何捷 主编

人民邮电出版社
北京

图书在版编目（CIP）数据

想当然大阅读. 快乐读书吧推荐书目读后感. 02，成
长小说篇 / 何捷主编. -- 北京：人民邮电出版社，
2021.5
ISBN 978-7-115-55663-9

Ⅰ. ①想… Ⅱ. ①何… Ⅲ. ①阅读课－小学－教学参
考资料 Ⅳ. ①G624.233

中国版本图书馆CIP数据核字(2020)第259543号

内 容 提 要

统编语文教材中的"快乐读书吧"栏目推荐多种多样的经典图书，引导学生课外阅读，培养阅读兴趣，扩大阅读量，逐步形成良好的阅读习惯。然而，很多学生有了阅读兴趣，却写不出自己的阅读体会，一说到写读后感就头疼。

本书汇集了统编语文教材"快乐读书吧"栏目推荐的多部儿童成长小说的数十篇读后感。这些经典作品包括《爱的教育》《草房子》《绿山墙的安妮》《童年》《我的妈妈是精灵》《童年河》《我要做好孩子》《小英雄雨来》《毛毛》《长袜子皮皮》。对于每部经典作品，多位小学生从不同角度写成了精彩的读后感，何捷名师出版工作室的各位老师化身为小男孩"想当然"和功力深厚的"五读教主"写下了精彩的评语，帮助小学生总结阅读感受，提升阅读效果。

本书适合不爱阅读、怕写读后感的 3～6 年级小学生自主阅读，也可供小学语文教师及其他从事语文教学研究的人员参考。

◆ 主　编　何　捷
　　责任编辑　折青霞
　　责任印制　陈　犇

◆ 人民邮电出版社出版发行　北京市丰台区成寿寺路 11 号
　　邮编　100164　电子邮件　315@ptpress.com.cn
　　网址　https://www.ptpress.com.cn
　　大厂回族自治县聚鑫印刷有限责任公司印刷

◆ 开本：700×1000　1/16
　　印张：15.25　　　　　　2021 年 5 月第 1 版
　　字数：132 千字　　　　2021 年 5 月河北第 1 次印刷

定价：70.00 元（全 2 册）

读者服务热线：(010)81055296　印装质量热线：(010)81055316
反盗版热线：(010)81055315
广告经营许可证：京东市监广登字 20170147 号

和想当然一起，打败读后感
写作的两只"大怪兽"

何捷

亲爱的同学们，你似乎已经感觉到，每当在写"读后感"的时候，总是被两只"超级大怪兽"所侵扰。

其中一只怪兽，让你"不读书也能写读后感"。遇到它，同学们就会写出虚假的读后感。发现了吗？好多同学嘴上说要写读后感，但是根本没有读过这本书，奇怪的是居然能写出来。怎么回事？原来是中了"怪兽"的蛊惑，参考了来自网络、报纸、杂志等太多渠道的信息。能在读后感里出现的书，当然是好书；既然是好书，写读后感的人就多，下载得来就不费吹灰之力。

另外一只"怪兽"，就叫"写好写坏，都一样"。它让你对读后感写作失去信心。看起来是写了一本书的读后感，可写了半天也不见得对自己读书有什么帮助。而且每次写都很轻松——用三言两语把书的内容介绍完，然后叠加一些可有可无的感受，最多联系一个生活实例，很快就写完了。不过，这样的读后感，写了也没人看。

为什么同学们写读后感时，容易被这两只"大怪兽"侵袭？原来，同学们写的时候，都把自己当作超级的"套路大咖"啦。所谓的套路大咖，就是套用读后感写作的通用公式：读书摘抄＋简单感受＝读后感。先摘抄各种书评，书的简介，书的梗概，或者直接摘抄书中的某些部分；然后加上自己的感受，就成了读后感。那些感受呢，自然是一些空话、大话、套话……

读后感看起来好写，写好不容易，有好的写作方法吗？

当然有，而且必须有啊。就像开车去旅行一样，要有导航，要有定位，才能抵达目标。我们向同学们介绍一种写读后感的"三维定位"法，让大家写出全新的读后感。所谓的"三维"，就是指读者、层次和目的。

1. 读者

读后感的读者，应该分成三类。第一类是读过这本书的。对这一类读者写的读后感，书的内容介绍要少写，因为对方已经读过了。第二类是没读过这本书的。很显然，关于书本的内容简介要多写。写得多一些，才能让读者通过介绍，大致明白一部书啊。这也正是"梗概"这种特殊的文体存在的价值呀。读者通过阅读梗概，了解这本书写的是什么、有什么阅读价值等。

还有一类，算是这本书的"资深读者"。兴许，还为这本书写过读后感呢。还有一种可能，他就是这本书的作者。我就常遇到同学们写的《作文笑传》读后感、《小莲藕学作文》读后感……你们写给我，而我就是这些书的作者，可想而知，我阅读这样的读后感，自然有不同的感受，有不同的滋味。

给资深读者写读后感，就要想办法写得深刻，写出你的个性观点。否则不是和没写一个样？比如我们都来写《西游记》的读后感。关于唐僧的评价，你就得拿出点新花样，不然谁会来看你的读后感呢？网上对唐僧的介绍和评价，也太多了嘛。或者，我们还可以另辟蹊径，写出另类的读后感，比如这一篇：

《西游记》中的为什么

范念梓

在《西游记》中，唐僧、孙悟空、猪八戒、沙和尚师徒四人，到西天如来佛祖那儿求取真经。一路上，足智多谋的孙悟空、虎头虎脑的猪八戒、老实巴交的沙和尚，保护着仁慈善良的唐僧，历经九九八十一难，到了如来佛祖那儿。看起来一切顺利，但我却要提几个问题：

其一，唐僧为什么不把自己的肉分给妖怪吃？

其二，孙悟空大闹天宫时所向无敌，为什么打不过妖怪？

其三，五指山下被压的孙悟空，为什么不变成一只小虫子飞出去呢？

其四，唐僧为什么总是不相信孙悟空呢？

别以为我只会提问，接下来，我就一一解答。

第一个：唐僧为什么不把肉分给妖怪吃？《西游记》里，有许多妖怪想吃唐僧长生不老的肉，可唐僧就是不让他们吃，为什么呢？我想，可能唐僧是皇帝派去西天取经的，在走之前皇帝嘱咐过他：要保护好自己的身体，不能被妖怪伤害或吃掉。还有就是妖怪如果因为吃了唐僧肉而长生不老，即使被天神抓回去，还会再下凡行妖作怪，危害凡间的生命，唐僧会认为是自己害了老百姓和凡间的生灵而感到羞愧难当。

第二个：孙悟空大闹天宫时所向无敌，但为什么打不过那些妖怪？在《西游记》里，妖怪们偷走了那些神通广大的神仙们的法宝，已经在人间设了一个个的洞府，准备"迎接"唐僧的到来。妖怪们有了法宝，孙悟空自然敌不过。或者是孙悟空在大闹天宫时偷吃了太上老君宝贵的仙丹，把神仙们一一打倒，然后保护唐僧去西天取经；仙丹失效了，妖怪们才打得过孙悟空。还有可能是因为剧情需要嘛！

第三个：齐天大圣孙悟空被压在五指山下，为什么不变大，把山给举起来扔掉，或者变小，变成一只小飞虫飞出来呢？原来在五指山的顶峰上，有一个如来佛祖贴上的"黄符"，孙悟空相当于是被囚禁起来了。如果变小往外飞，五指山就会瞬间塌下来，把小小的飞虫压死，孙悟空是不可能冒生命危险的。

第四个：唐僧为什么总是不相信孙悟空呢？孙悟空可是火眼金睛，看妖怪就是妖怪，看魔鬼就是魔鬼，一点儿也不含糊。但唐僧就是死也不相信，非说妖魔鬼怪是好人，结果每次都被抓进妖怪的洞里。唐僧觉得孙悟空太莽撞，每次都要打伤好人，说什么也不相信他了。还可能是因为唐僧喜欢扶危济困，很善良又有同情心，所以被妖怪蒙骗了！

《西游记》是四大名著之一，我的这些问题也是经过想象加工的，谁也不能说出正确的答案，如果可以，你去问一问《西游记》的作者吧！

有意思吧？这就属于完全"不按套路出牌"的创新写法，读了之后，大家都希望读原作呢。

2. 层次

读后感，也要分层次写。最底层就叫感受。例如，读完这部书，有什么感受，直接写出来；第二层叫感悟，不仅有感受，还能有一些体悟，能对自己的生活、学习有帮助，有指导，那可真了不起；还有第三层，叫感情。通过阅读，和作者、和文字、和故事，产生了感情，有了交往。这样的例子很多。比如大仲马创作《三个火枪手》时，曾经为其中的一个必须得死而痛哭流涕。瞧，作者和故事中虚构的人也有了感情。

写读后感，就要阅读作品。此刻，最基本的要求是要谈出真实的感受，同时，还应尽力上升到感悟、感情层面。

3. 目的

写一本书的读后感，除了推荐这本书，还可以有其他的目的。如果说第一个目的是让读者也喜欢的话，第二个目的就是让读者发现这本书的问题，一起批评。注意啦，批评不是坏事，而是一种阅读能力的体现，特别是小学高年级同学，写读后感就可以尝试写一些"批评"。还有第三个目的呢，就是根据书中的某个观点，引发读者争论。例如"李逵杀虎四只，为什么不如武松打虎一只？""悟空打死妖怪，是错了吗？""卢俊义上梁山，是被逼无奈吗？"瞧，要让读者真正关注一部作品，引发争论也是很不错的方法。

喜欢、批评、引发争论，写读后感，可以有不同的目的。大家记住了吗？

三维定位怎么用呢？可以请数学中的"排列组合"来帮忙。例如，从每一个维度中选取一个关键点，进行组合，就可以写出与众不同的读后感。

比如说，我的一本书叫《小莲藕学作文》，你可以这样组合：

读者：写给没有读过《小莲藕学作文》的同学。

层次：分享阅读的感悟，介绍书中"写好作文"的方法，结合具体例子来谈。

目的：让所有没有读过《小莲藕学作文》的同学，都喜欢这本书。

按照这样的三维定位进行排列组合，很快就能完成构思，接下来就只要把自己真实的阅读体验、感受和经历等写进文中。记住，必须先读过这本书，再这样去写读后感，否则是无法达成既定目标的呀！

好啦，有了这三维定位写读后感的方法，读后感写作中的两只"大怪兽"应该会知难而退了。不过，它们也有可能在你不小心的时候再次乘虚而入，所以，同学们一定要勤学勤练，不给"大怪兽"以可乘之机哟！

目 录

《毛毛》读后感

《长袜子皮皮》读后感

《爱的教育》
读后感

爱的教育无处不在

读《爱的教育》有感

余海菲

小作者读书前先提出问题，是一种很好的读书方法。读后感离不开读，读好才能写好哟！

爱的教育是什么呢？我们学过哪些关于爱的教育的故事？当我第一次看到这本《爱的教育》，我的脑袋里出现了许多问题……

《爱的教育》里讲了很多有趣的故事，每一个小故事都蕴含着大道理。比如其中一个小故事《吵架》，讲的是安利柯在写作业的时候，被可莱蒂撞了一下，这导致安利柯出现了错误，他们俩就因此事吵了起来，后来可莱蒂主动向安利柯道歉，最后两人和好了的故事。这是个多么平常的故事呀，生活中，谁没有跟同学或朋友吵过架呢？

　　其实就在前几天，我身上也发生了一件跟《吵架》很相似的事情。当时我在画画，我的好朋友小悦非要拉我出去玩，结果把我的画给毁了。我很生气，对小悦吼道："我再也不跟你玩了！"她也不服气，丢下一句："不玩就不玩！"然后就跑了……接下来的几天，我们俩谁也不理谁，迎面碰上，连招呼也不打。可是现在下课，再也没有人拉着我出去玩了，我总感觉少了点什么……

　　读完这个故事，我发现，因为这么小的一件事情和朋友吵架，失去珍贵的友情，真的太不值得了。嗯，决定了，我要像可莱蒂对安利柯做的那样，向小悦道歉。

　　是《爱的教育》让我明白了，爱的教育不仅在书中，更在生活的点点滴滴中。

小作者读书，不仅联想到自己的生活，还生发了感悟和行动。这就是阅读的力量。这也是读后感的写法之一呀！

五读教主总评

　　小作者的这篇读后感的结构可谓是非常漂亮。开篇写出自己读书之前的疑惑，然后介绍书中特别触动自己的一个故事，从而联系自己的实际生活，自发地完成了反思、感悟、行动，最后呼应开头提出的疑惑，找到了答案，形成了读后感写作的一个完整闭环。同时，这篇读后感让我们深深地感受到阅读的力量：书本无言，却依然像老师一样，教育着我们，引领着我们成长。

来自校长的爱的教育

读《爱的教育》有感

郑歆瑶

九岁生日时，妈妈送给我一本《爱的教育》，我对它爱不释手。这本书记录了一个四年级小男孩安利柯一个学年的生活。

同样是四年级学生，安利柯的故事经常让我联想到自己在学校里的生活。尤其是这个故事——《我们的好校长》，安利柯的校长总是第一个到校，等着学生们上学，放学后他仍会在学校里巡视一遍，对学生们非常关心……这让我想起了我们学校的熊校长。

他和安利柯的校长一样，每天早早地就在

校门口迎接我们。他和我们握手、击掌、拥抱……他厚厚的大手掌常常传递给我们温暖的力量。可我没有想到，有一天，他的"赤脚"，同样会为我们带来无穷的力量。

那是一个台风天的早晨，狂风暴雨，天还没亮，爸爸妈妈都收到了学校的停课通知。我心想："太好了，可以睡个懒觉了。"然而没过多久，我从妈妈的手机里看到这样一个视频。暴雨中，熊校长站在学校门口，挽着裤子，赤着脚，在一个一个地跟没看到通知的家长和孩子说："今天下暴雨，停课了！快回家吧！"很多人笑他这种方式太"土"了，我却被深深地感动了。我知道，这就是熊校长平时给我们的那种普普通通却实实在在的关爱呀。

《爱的教育》里安利柯的校长用他的守候关爱着学生们，我们的校长也用他的质朴关爱着我们，或许这就是来自校长的爱的教育？

五读教主总评

　　校长不像老师，直接教给学生知识，却经常用自己的行动教育学生。好校长特别能够吸引学生，《爱的教育》里安利柯的校长是这样，小作者的熊校长也是这样。小作者这篇读后感的结构非常清晰，很有条理：先介绍这本书的大概内容，然后呈现自己最受触动的故事，由这个故事延伸到自己的生活中，再叙述自己的校长的故事。整体结构相当紧凑，详略安排得当，最后就书里书外校长的异同发问，给人以启发和深思。

我的先生田老师

《爱的教育》读后感

林钰雯

《爱的教育》是一本日记体小说。看到日记，我就会想起我的班主任田老师，她也很爱让我们写日记。

这些日记写得真好呀！每一篇都是一个小故事，每一篇都充满了爱，每一篇都是一份感动……

其中有一篇叫作《我们的先生》，它讲述的是安利柯有了一位新老师，这位新老师很爱自己的工作，也很爱自己的学生们，他甚至对学生们说："我没有亲人，从现在开始，你们就是我的亲人。我不愿责骂你们，因为你们是我的孩子……"

　　不知怎么，读到这里，我眼眶都湿润了。我的班主任也是这样的呀！她很爱自己的教育工作，每天都忙忙碌碌的——不是在工作，就是在学习。她总是对我们说："孩子们，田老师很爱教育，也很爱学习，但我更爱你们。"有一次，她从北京学习回来，给我们班每个同学都带了特产，还给我们每人送了一张卡片。她告诉我们，这些卡片可是陪着她走过天安门广场，逛过故宫，爬过长城，还"上过天"的——她说，带着这些写有我们名字的卡片，就像把我们带在身边一样！当时，我们全班同学都沸腾了，还有些同学在偷偷抹眼泪呢！

　　当我拿到卡片，看到上面写着"钰雯宝贝，我爱你！"时，我的眼泪"唰"地掉了下来。然后，我立刻在背面写上：

　　"田老师，我也爱您！"

结尾也很漂亮，既呼应了开头，又简短有力，自然清爽。

五读教主总评

　　正如小作者所说,《爱的教育》里,每一篇都是一个爱的故事,每一个故事都传递出一份感动。这样的感动,帮助小作者打通了书里书外的联系,让阅读真正地与生活融为一体。小作者读的是《爱的教育》,通篇没有谈教育,教育却又无处不在。这就是朴实文字的力量,这就是诚挚童心的意趣。好的文字,简简单单,娓娓道来。

赠人玫瑰，手有余香

读《爱的教育》有感

宋柳娴

寒假期间，我收获了一本好书——《爱的教育》。

这本书的作者是著名儿童文学作家埃迪蒙托·德·亚米契斯，书中以日记体的方式呈现了一个个动人的故事：有小孩子的故事，有父母的故事，有老师的故事……

其中，我印象最深的是一个清扫烟囱的小孩，他因为把清扫烟囱赚来的三十个铜币弄丢了，无法回家，于是路过的同学都用自己仅剩的铜币来帮助他，没有带钱的同学就把自己的

写读后感的一个重要技能，就是精确地提炼书本的内容，避免大量复述。小作者这种分类的思维不失为一种好方法。

鲜花赠送给他。

瞧，有铜币的赠送铜币，没有铜币的也可以赠送鲜花！

故事读到这里，我突然很惭愧。一次在公交站台上，一位衣衫褴褛的老爷爷，拿着一个破旧的布袋准备坐公交车，但迟迟不上去。排在老爷爷后面的阿姨不耐烦地叫喊着："能不能快一点啊？不要耽误我们的时间！"老爷爷一边翻找着硬币，一边不好意思地鞠着躬："对不起，对不起！"这时，排在阿姨后面的我，如果能勇敢地走上前去帮一下老爷爷，或者安慰一下他多好啊！可是我犹豫着不敢上去。就在犹豫间，排在我后面的一位大哥哥三步并作两步，走上前去帮老爷爷投了硬币，然后又退回自己的位置。我注意到老爷爷上车后一直望着这位大哥哥……

我知道老爷爷是想表达感谢，不仅想感谢大哥哥的硬币，更想感谢大哥哥的仗义出手，这位大哥哥就像《爱的教育》里那些给铜币或者给鲜花的小孩子。

大哥哥给了老爷爷两个硬币，我虽然什么都没给，却感觉失去了很多很多……

五读教主总评

　　按理说，"赠人玫瑰，手有余香"是一个比较老套的话题，很难写出新意，但小作者却能不落俗套。他在复述书中故事的时候，特别强调了"有铜币的赠送铜币，没有铜币的也可以赠送鲜花"，其实帮助别人，量力而行就好，每个人都可以发出善意，即使只是一句安慰的话……小作者用特别含蓄的结尾委婉地告诉读者，不要吝啬，吝啬只会失去更多。

珍贵的兄弟情
读《爱的教育》有感

石昊源

《爱的教育》是意大利作家亚米契斯的著作，它以日记的形式讲述了发生在一个四年级小男孩——安利柯身边的各式各样感人的小故事，一共有 100 篇呢！

书中让我感受最深的是保护妹妹的斯带地。他的妹妹在放学路上被一个高年级的学生欺负，斯带地很生气，毫不犹豫地冲上去跟高年级学生打起来，他的耳朵破了、眼睛肿了、鼻子出血了，但是仍然不认输，最终把高年级学生赶跑了。我由衷对他表示敬佩，同时，我也想起了我和我的弟弟的一些事。

我的弟弟今年六岁了，是个聪明能干的小男孩。但我不喜欢他，天天和他吵架，因为我一直认为是他夺走了妈妈对我的爱。直到有一天……

那一天，阳光明媚，我们一家去爬梧桐山，一路上，鸟语花香，我和弟弟开心地玩起了游戏，可是弟弟没有遵守游戏规则，我气得火冒三丈，骂了他几句，还大叫着让他离我远点。于是，爸爸妈妈批评了我一顿，气得我加快脚步向前走去，把他们远远地甩在了后面。走着，走着，我来到了一个岔路口，没有任何犹豫，我选了左边的路。刚走了没几步，我突然听到："哥哥，哥哥！快回来！妈妈在那边！"

原来，弟弟怕我走错路，又不敢靠我太近，一直默默地跟着我。那一刻，我的心都要化了，弟弟对我的爱，不正像斯带地对妹妹的爱吗？"我这个哥哥呀，真是不称职！"说着，我便紧紧地抱住了他……

此处的省略号用得好！言有尽，而意无穷，给读者指引之余，又留下遐想空间。文章中的标点符号也是非常重要的元素。

五读教主总评

　　作为老师，我经常会听到哥哥或姐姐表达对弟弟或妹妹的不满，因为他们普遍认为是弟弟或妹妹分掉或者夺走了爸爸妈妈的爱……事实上，爸爸妈妈因照顾年幼的弟弟或妹妹确实会对哥哥或姐姐少照顾一些，但这并不意味着他们的爱少了，相反，是多了，多了一个人来爱你——尽管他还太小，还不知道如何爱。多年以后，我们会庆幸，有这么一个弟弟或者妹妹。小作者用朴素的文字，向我们传达了一个哥哥的真实心声。

入则孝，出则悌

读《爱的教育》有感

林潇

孔子曾说："弟子入则孝，出则悌"。其大意是说作为学生，在家要孝敬父母，在外要尊敬师长。

其实道理我懂，但放到自己身上还是没什么感觉，直到最近我读了《爱的教育》这本书，我才对这句话有了更深的感悟。

《爱的教育》主要讲述的是安利柯在小学四年级时的一些生活和学习的日常。书里讲到了一个名叫可莱蒂的孩子，他生活在一个普通的三口之家，母亲生病，父亲经常有事外出。可

引用名言开头，吸引读者目光，又建立了一定的厚重感，不失为一个好开篇。

莱蒂每天都很忙碌，不仅要用功学习，还要做砍柴、烧饭等家务活，照顾母亲，最重要的是他从不抱怨。看到他，我不禁想起了那个曾经懒惰而又固执的自己。

记得有一天中午，我刚吃完饭，母亲正在忙，便让我顺便把碗洗了。一向不愿做家务活的我立刻皱出枯枝眉，扭出苦瓜脸，摆出一副不屑的样子。母亲见我不搭理，便催促起来："快，赶紧去把碗洗了！"我依然装作没听见，一扭屁股，直接懒洋洋地往沙发上躺去。这时，母亲有点生气了，大吼一声："快去！"我见她一下皱起眉头，心想也没什么大不了的。母亲终于忍不住，跑到我面前，好一顿训斥："你父亲每天都要做一堆家务活，你倒好，不分担一些家务活，还在这里耍一些没用的脾气，难道你不会羞愧吗？"这下我才很不情愿地去把碗洗了。

如今回想起来，我觉得自己当时真不该那样。洗碗而已，非要闹得母亲大动肝火，父母每天都在为这个家操劳，而我除了学习就是玩，还经常惹他们生气，实在是太不孝顺了！想想可莱蒂，人家才四年级，不仅要学习，还要照顾母亲，承担所有家务活！我真是太羞愧了！

难怪孔子教我们要"入则孝，出则悌"，一个人只有做到了孝敬父母，才可能正直地活着。读了《爱的教育》，我受到了深深的震撼，决心要做一个像可莱蒂一样孝顺的人！

五读教主总评

　　小作者说："一个人只有做到了孝敬父母，才可能正直地活着。"说得多好！是的，人生在世，只有父母给予了我们生命，我们才有后来的一切可能性。可惜，现在很多人忘却了这个道理，忽略了孝敬父母的重要性。没想到小作者小小年纪，竟有这般见识！看得出来，小作者的阅读量是比较大的，而且小作者阅读的习惯很好，边读边思边悟——如此，才是写好文章的前提，阅读也才有了更为重要的意义。

《草房子》
读后感

坚强自信，笑对生活

读《草房子》有感

周天祺

大约一年前，我读了曹文轩叔叔的小说《草房子》，对书中的内容至今记忆犹新。

这本书的主角桑桑在油麻地小学度过了六年刻骨铭心、多彩多姿的校园生活，让我印象深刻。不过，今天我要讲的是书中的另外一个人物，他就是桑桑的好朋友杜小康。杜小康的经历曲折，而他面对困难的态度，尤其让我难以忘怀。

杜小康家原本十分富有，可是因为一次意外，他家的木船被撞坏了，船上所有的货物都沉没损毁，这导致他家的生活陷入了困境。然后杜小康就辍学了，陪家人去荒无人烟的小岛上养鸭子。但这时他不仅没有放弃或者抱怨，反而笑对生活，坚强不屈地开始了他的买卖生涯。当桑桑为他担心时，他总说"能想到办法的""会有生意的"——勇士脚下没有绝路，这就是杜小康。

"勇士"这一称谓直白地表达了小作者对杜小康的敬佩。

　　我虽没有杜小康的生活曲折，但同样经历过挫折。有一次跆拳道比赛，我努力拼搏却输给对手，无缘奖牌。当时我伤心得在赛场上哇哇大哭，久久不愿离开。教练和爸爸安慰我要笑看输赢，下次再战！我的心才慢慢平静下来。那时我想到了杜小康，他遇到的困难和挫折可比我的大得多呢，他如果输了比赛会怎么做呢？他一定会说"会有办法的""下次会赢的"。于是我在心中哈哈地笑了，顿时整个世界好像都明亮起来了。接下来的日子，我不再气馁，跟着教练想办法查漏补缺，终于在半年后的比赛中夺得了一枚闪闪发光的金牌。

此处的心理活动刻画得非常具体、细腻！写作时，适当地添加心理描写，不仅能使文章更加丰富，还能进一步凸显人物形象。

　　握着这枚金牌，我知道，这里面有杜小康一半的功劳！

　　这篇文章，很有一种小小男子汉的风范！从一开头的行文风格，到接下来所举的事例，再到最后"手握金牌"的感言，无不透露着一位小小男子汉的坚强和自信。果然，"一千个读者就会有一千个哈姆雷特"，自己是什么样的人，就能从书中看到什么样的人。所以，如果我们想写出更好的读后感，首先就要做一个更好的人，读更好的书。文章结尾干脆利落，掷地有声！真是文如其人啊！

平凡却伟大的亲情

读《草房子》有感

彭津源

"谁言寸草心，报得三春晖。"这句诗说的是母亲对小孩的爱是最广博的，无论如何也难以报答。最近我读完《草房子》这本书，不由得想起了这句诗。

书中《药寮》这一章让我很感动。讲的是一个叫桑桑的男孩得了一种病。桑桑的爸爸桑乔为了给他治病，四处求医，不惜一切代价，甚至变卖家产。最后在一位八十多岁的老人和其他人的帮助下，桑桑的病好了。

桑乔为了治好桑桑的病四处奔波，让我想起了我的妈妈想尽办法陪我运动的事情。因为

此处衔接得非常自然，只用一句话便顺利地从书中过渡到生活中。这是读后感必备的写作技能。

我体重偏高，运动能力比较差，为了帮助我减重，妈妈就每天陪我跳绳，可是我总是不一会儿就嫌累，不想跳了，妈妈就说和我比赛，看谁坚持得更久，直到我赢她为止。

后来妈妈怕我进行单一运动太枯燥，就提议换个运动项目——打羽毛球。可是我打羽毛球的水平也很差，很少能接到球，妈妈就不断地发球，我偶尔连续接到几个球，她笑得比我还开心！

再后来我打球也打烦了，妈妈说换成慢跑吧。于是花园里就出现了这样一幕：妈妈在前面跑，我在后面跑。偶尔，我会等妈妈跑过转角之后，就偷偷地抄近路溜回家。如果妈妈连跑两圈都没有看到我，她会急忙跑回家，也不骂我，只是坚持把我"揪"出来跑。有时候我也埋怨妈妈，为什么一定要我运动呢，可是当我在体育课上的表现被老师表扬了以后，我才知道，妈妈真是用心良苦啊！

虽然我的妈妈没有像桑桑的爸爸那样付出所有，但我知道，只要需要，她一定毫不犹豫。读完《药寮》，我在心里默默地说："妈妈，我也要像您爱我一样爱您！"

在叙述中加入适当的细节描述，会增强画面感，读者也能不自觉地进入文字呈现出来的情境中，更有代入感，读起来更真实。

五读教主总评

　　就像小作者的标题一样，父爱、母爱真是平凡却伟大的亲情。很多人在写这个话题时，会落入俗套：夜里带我看病，下雨天给我送伞，自己不舍得吃的留给我吃……幸好小作者另辟蹊径，选取了另外一个题材：变着花样陪我运动。这个题材可是足够真实呀！每一幕都画面感满满的，很容易引起读者的共鸣。所以，要写好文章，正确地选材是非常重要的事情。

克服自卑，永不放弃

读《草房子》有感

谢瑾源

或许每个人都有自卑的时候，有的人面对它，垂头丧气；有的人面对它，永不言弃。让我们跟随作家曹文轩来一起看看《草房子》里的秃鹤是如何战胜自卑的吧！

秃鹤是个秃顶的孩子，与众不同的外貌让他经常受到别人的戏弄、嘲笑……所以他一直很自卑，以至于他经常做些不好的事情，甚至在一次广播操比赛中让学校失去了荣誉。但是后来他鼓起勇气参加表演，为了演好光头"伪军连长"非常努力地练习，最终取得了成功，受到了大家的认可。

秃鹤的努力就如同水滴石穿一般，击穿了他自己的自卑，也深深地感动了我。看到秃鹤，我就想起一个人：夏伯渝。他是一名登山选手，在一次登山时，因双腿冻伤而被截肢了。失去双腿的人怎么登山呢？这让他非常沮丧、自卑，但是他不放弃。在经历了四次登珠穆朗玛峰失败后，他终于成功，成了中国第一个登上珠穆朗玛峰的残疾人。我发现，人只有克服了自卑，才有可能战胜自己，才有可能发生奇迹。

我其实一直很自卑。因为我的学习成绩不好，而越是自卑，我就越不愿意学习。我经常一看到作业就心烦，一遇到考试就心慌。爸爸妈妈和老师都想帮助我，可是我觉得自己真的太笨了，不是学习的"料"。直到我看到了《草房子》里的秃鹤，想起了夏伯渝的故事才意识到，是我的自卑在作怪！嗯，我应该向他们学习，努力努力再努力，我相信，只要我能像秃鹤那样，鼓起勇气，刻苦努力，我也能战胜自卑。于是在这个假期里，我把下学期要学的知

这个句子太妙了！"努力""轻蔑"这样的词本身很虚，但小作者用"水滴石穿"这样具体的形象来描述，真是贴切又生动！

识预习了一遍，并制订了一系列学习计划。

就像海明威说的："一个人并不是生来要被打败的。"自卑是成功面前的拦路虎，我要战胜它。

五读教主总评

　　小作者这个选题不错，自卑或许是人人都有过的体验，所以开头分别陈述不同的人应对自卑的不同态度，很能引起读者的共鸣。全文紧紧围绕"自卑"一词来写，结构非常紧凑。小作者从书中联想到的不仅是自己的实际生活，还联想到了登山运动员夏伯渝。可见，小作者是一个爱生活、爱阅读、爱思考的人。且行且思、且思且记，文章就会写得越来越好。加油哦！其实你完全不必自卑！你真的很不错！

善良常在，善良长在

读《草房子》有感

董琪涵

同一本书，可以写的人很多，如果想让文章更加出彩，不妨选择比较"冷门"的角色，这样的文章说不定会更新鲜哟！

《草房子》中的人物有很多：活泼的桑桑、秃顶的陆鹤、坚强的杜小康和柔弱文静的纸月……其中最让我觉得了不起的就是秦大奶奶。

秦大奶奶的房子的所在地要被征用建学校，她只好住在学校旁边的小房子里，并在房前屋后养鸡鸭鹅，表示"抗议"，经常跟学校的老师闹得不愉快。后来一个女生贪玩失足掉进了河里，秦大奶奶为了救她差点失去生命，学校的老师听闻此事后就轮流来照顾她，她也不再养鸡鸭鹅了。再后来她又为了捞起学校在油麻地种的一只南瓜，掉下了河，离开了人世……

读到这里时，我难过地流下了眼泪。我的眼前浮现出了善良的秦大奶奶的身影。

就在泪水中，我还看到了另外一幕。我家旁边的街上，有个残疾老爷爷，他每天都在街边摆摊卖玩具。我每次路过都觉得他很可怜，却不知道自己能做什么。有一天下午突然刮风下雨了，我急忙往家跑。跑过残疾老爷爷的地摊时，我看见一个小孩在给残疾老爷爷撑伞挡雨，带着他的阿姨在帮老爷爷收拾地上的玩具。那个阿姨不是老爷爷的家人，因为我经常在天快黑时看到老爷爷的家人帮他收拾玩具……

我突然发现，原来在我们身边有很多善良的人，这些人就像秦大奶奶一样，平凡却善良。

此处小作者写出了自己阅读的感受，阅读不仅会让我们流下眼泪，还能使我们的眼前浮现画面——其实，这正是阅读的一个收获呀！

五读教主总评

　　孔子说："人之初，性本善。"其实善良的人本来就很多，只是有时我们没有用心去发现。更何况，还有一些善良的人，偶然被不公击垮了，被怨气包围了，或者被灰尘蒙住了。就像秦大奶奶，刚开始的"自私抗议"其实只是她在表达自己的不满而已。就像小作者，在目睹残疾老爷爷被人帮助的整个过程中，小作者好像什么都没做，但你能说她不善良吗？其实，善良，也是需要成长的。文章选材比较独特，角度颇为新颖，虽然举出的是比较常见的事例，却恰恰反映了小作者的真诚与善意。

珍贵的友谊

读《草房子》有感

李快乐

　　每个人都有自己的好朋友。有的人很幸运，可以跟好朋友一辈子在一起；有的人却不得不与好朋友分离，我是这样，《草房子》里的桑桑也是这样。

　　桑桑是校长的儿子，他与同学们的关系都特别好。新转学过来的纸月是一个成绩优秀又爱干净的小女生，桑桑为了留给纸月一个好印象，从一个"泥猴子"变成了一个干干净净的小男生。后来他和纸月也成了非常要好的朋友，每天都在一起快乐地玩耍。可是后来，桑桑的

　　开头比较新颖，从现实生活讲到阅读，从"我"到"桑桑"，很自然地引出了《草房子》。像这样，写文章多尝试不同的开头，会给人眼前一亮的感觉哟！

爸爸因工作变动要去另一所学校任教，离别时，桑桑、纸月都很难过，依依不舍。

读到这儿，我的眼角泛起了泪花，我也有一个好朋友——鸿鸿。我和他从小一起长大，每天形影不离。我们在一起的日子，每一天都充满了欢声笑语。可是，幼儿园大班时，他跟随家人离开了深圳，搬去了珠海。还记得离别的那天，我俩都哭成了泪人儿。

直到去年，我终于有机会和鸿鸿再见一面，我们高兴地拥抱在一起蹦啊、跳啊，开心极了！这个时候我才真正领悟到友谊的珍贵。

现在我们已经是四年级的小学生了，见面时不再只顾着玩耍，更多的是一起讨论学习、关心和鼓励对方。

友谊，是伴随我们一生的好伙伴。分离，让我学会了要更加珍惜它。

五读教主总评

　　小时候，总以为友谊就是打打闹闹，天天待在一起，长大了才发现，友谊还可以是一起克服困难，共同努力实现梦想。友谊的真谛到底是什么呢？小作者把它称为"伴随我们一生的好伙伴"，这个好伙伴，会让我们快乐，会让我们悲伤，还会让我们学会珍惜，变得更好。文章的语言清新自然，前后照应，多次点题，中心突出，让人过目不忘。

不一样的童年，一样的快乐

读《草房子》有感

王梓涵

小作者开篇即点明主题"童年"，紧扣主题写作，直抒胸臆，引起读者的共鸣，还以如此梦幻的方式引出《草房子》，引起读者继续阅读的兴趣。

或许每个孩子都有一个五彩的童年梦：无忧无虑、无拘无束地过每一天。《草房子》里就展示了一个这样的童年梦，梦里有一幢幢金色的草房子，有许多可爱的孩子：桑桑、秃鹤、细马、杜小康……

《草房子》是曹文轩创作的一部儿童文学作品，讲述了桑桑在油麻地小学六年的精彩生活。一口气读完以后，书里描述的画面盘旋在我的脑海，我似乎也感受到了桑桑用蚊帐做渔网打鱼的兴奋，杜小康养鸭子的快乐，桑桑和细马坐着木桶在洪水里漂流的刺激……

在现实生活中，这些事情都是我体验不到的。乍一对比，我真羡慕他们这种无拘无束、精彩刺激的生活。我多希望自己变成书里的一员，和桑桑一起撒网捞鱼，吃自己亲手捕获的食物；和小康一起去草地里放鸭子，在草丛中拾鸭蛋；和细马去山上放羊，神气地挥舞着小鞭子……

我把自己的心愿告诉了妈妈，她也遐想无限，思绪回到从前。她小时候也在乡村里生活，爬树摘果子，被马蜂蜇过脸；夜里和小伙伴在葡萄架下为死去的喜鹊竖墓碑，被大人笑话；放学后经常翻墙回家；夏季爬梯子上屋顶看北斗星……

"哇！和书里一样有趣又快乐！"我又羡慕起来了。

妈妈似乎看出了我的心思，说："不要羡慕，你的生活也是精彩和快乐的！"

我抱着书，在家里来回走，看着家中爸爸妈妈为我布置的一切。我突然意识到，和桑桑、妈妈的童年生活相比，我现在的生活虽然缺少了点泥土气息，但也是精彩的、快乐的。每天写完作业后，我可以捧起自己心爱的课外书，沉浸在书里丰富多彩的世界；假期里，我可以和爸爸妈妈一起去各地旅行，感受不同的风土人情；有时候，我还可以和小伙伴们结队骑车、捉迷藏、下棋……这下我释怀了：嗯，虽然我们生活在不同的年代，拥有不一样的童年，但是我们拥有一样的快乐。

就像《草房子》里的一句话"也许我们谁也没有办法走出自己的童年"，但是我们可以用心感受和珍惜自己的童年，甚至创造自己的童年——一个幸福快乐的童年。

五读教主总评

　　小作者以读为基础，着重写了自己不同层次的感想：先写自己对书中生活的美慕，然后写对妈妈童年生活的美慕，最后正视当下，感受自己生活的美好。行文流畅，思路清晰，层层递进，升华主题。

《绿山墙的安妮》
读后感

努力生活就是热爱生活

《绿山墙的安妮》读后感

马睿

很小的时候，我就听妈妈给我讲过《绿山墙的安妮》的故事。现在自己翻开这本书，我依然很激动。

这本书讲的是一位热爱生活的小女孩安妮，自幼失去父母，后来被收养。尽管她小时候的环境也不如意，但她有自己的梦想，通过刻苦努力的学习，最终实现梦想，考入了奎因学院。

读完这本书，我也暗暗下了决心，我要像安妮一样，为自己的梦想和目标努力。

妈妈在我六岁时给我报了跆拳道的课。每

周三节课，刚开始的时候，每节课我都很痛苦，特别是压胯和拉韧带最痛苦了，每次我都被折磨得哇哇直叫。很多次，我都哭着跟妈妈说，我再也不要上课了。可是妈妈总是提醒我："你说过要像安妮一样努力的，你忘了吗？"我想起安妮，想起她的可爱、她的努力，便又认真地投入训练中。慢慢地，我从初级班升到了高级班，踢脚靶、实战、特技表演、侧空翻……不论是哪一种技能，我都会比之前更加刻苦努力地反复练习。果然，就像安妮如愿以偿地考上了奎因学院一样，我也获得了很多赞美和荣誉。

是安妮教会了我只要热爱生活，刻苦努力，梦想就会成真。

这些专业术语的出现，大大增强了事例的真实性。

五读教主总评

　　让一个十来岁的孩子来说热爱生活、努力生活，总觉得很虚，那怎么办呢？怎么样才能把这种热爱和努力写具体呢？那就是叙述自己的真人、真事、真感情。经常有人问我："老师，怎么才能写出真情真事？"我想，本文的小作者给出了一个很好的范例。首先，选材要真实；其次，抓住重点，抓住细节，工笔刻画；最后，一定不能缺少的是，写出自己在那个时刻的真实感受。如果你还想了解更多范例，推荐你去看看鲁迅的文章，他可是这方面的高手。

神奇的想象力
读《绿山墙的安妮》有感

陈梓瑛

《绿山墙的安妮》是我最喜欢的一本书。

这本书由加拿大的露西·莫德·蒙哥马利所著。书中讲述了一对上了年纪的兄妹，本来想收养一个男孩，却阴差阳错地收养了一个红头发的女孩安妮——一个满脸雀斑，浑身上下脏兮兮的，头发是红色的女孩的故事。安妮虽然其貌不扬，但是她热爱生活，努力学习，最后考上了理想的学校！我真为她高兴！

安妮拥有丰富的想象力，这一点让我非常着迷。想象力有时候会带给她麻烦，她会因为

此处连用两个感叹号，凸显了小作者替安妮高兴的心情。善用标点符号，对文章很有助益哟！

想象力太丰富而撞到树枝上，还会因为自己的想象力，而被人误会在搞恶作剧。更多的时候，想象力会带给她快乐，她常常陶醉在丰富的想象中。

想象力可以使我拥有非常神奇的力量。有时候别人会在我耳边打呼噜，吵得我睡不着。这时，想象力就派上了用场，我想象自己是一个小精灵，在星空中自由地飞翔，慢慢地我的周围变得非常安静，我也不知不觉地进入了梦乡。想象力还可以使我的学习变得轻松有趣，我想象学习就是一道菜，而我是个厨师，学习的过程就像做一道好菜。想象力还可以使我在读书中获得快乐，想象自己就是故事里的主人公，这样我就可以从中获得他们的生活经历和体验。

我在想，如何才能让自己永远拥有神奇的想象力呢？

小作者用一个长长的排比段，写出了想象力对自己的神奇帮助，读来十分有趣。

结尾出其不意，提出了一个问题，这个问题问得好！提问，也是文章开头和结尾的一种很好的写法呀！

五读教主总评

　　小作者的这篇文章，真的是应了"萝卜青菜，各有所爱"这句话啊！有人喜欢安妮的乐观，有人喜欢安妮的刻苦，而小作者，独独看上了安妮的想象力。为什么呢？因为她自己也是一个拥有丰富的想象力的女孩。这给了我们一个启示：自己的经历、经验越丰富，越能找到与书中人物有共鸣的地方，也就越能写出让读者产生共鸣的文字。所以，还等什么呢，快快去经历，去尝试，去体验生活吧！对了，小作者在结尾处提出了一个问题，不要忘记去寻找问题的答案哟！

童年打的一个赌

读《绿山墙的安妮》有感

余睿洁

选取"打赌"这个角度，很细微，也很独特。写读后感就是这样，可以通过反复读，反复揣摩，找到最触动自己的那个细微的角度入手。

前几天，妈妈送给我一本厚厚的《绿山墙的安妮》，我想着可能要看一个月，没想到居然一口气就读完了，故事实在太精彩了！

这本书主要讲述了孤独的安妮被玛丽拉和马修收养以后的故事，在故事中，安妮跌跌撞撞地成长，我的心也跟着起起伏伏。尤其有一处情节，说的是安妮从巴里太太家厨房的横梁上掉了下来，受了重伤，起因只是乔西那个充满意味的挑战，其实就是两人打的一个赌。

说到打赌，小时候，我和小伙伴也打过一

个赌："看谁能爬上那棵树。"那是一棵番石榴树，树很高，而且树干很滑，小伙伴试了试，就开始退缩。我笑过她后，抱住树干就往上爬。正当我得意地攀向第一个树杈时，脚一滑，掉了下去……当时屁股那个疼呀，现在想想，我还忍不住揉揉屁股，结果回家还被爸爸妈妈好一顿说，后来我再也不敢逞强打赌了。

这是我不愿意回想的一件事，可是读到安妮的故事，这件糗事又浮上我的心头：童年呀，不仅有快乐和甜蜜，还有痛苦和悲伤。

五读教主总评

　　小作者内心深处有一个小秘密，其实就是她自己的一件糗事，没想到在阅读的过程中，她被触动，记忆的阀门被打开，然后倾数呈现在笔端……这，其实就是阅读的一种功能。阅读，是一种倾听，也是一种表达，同时是一种治愈。相信，经历过这样的事情，小作者不会再忌讳谈到那件糗事，还会从中得到成长的能量，多一份坦然：童年呀，不仅有快乐和甜蜜，还有痛苦和悲伤。所以呀，写文章，不仅可以写那些积极的、正向的、阳光的内容，还可以写一写不那么积极，甚至不那么正向的内容哦。毕竟，人都是在成长的嘛。

微笑面对生活

读《绿山墙的安妮》有感

李重璟

去年我读了一本书，名叫《绿山墙的安妮》。书中的主人公安妮是个孤儿，但是她非常乐观、坚强。

有一次，安妮在扮演"伊莱恩"时被困在大海上。作为一个小女孩，安妮当时其实是非常害怕的，但是她一直提醒自己冷静，努力地寻找获救的方法，最后终于得救了。这样的故事在安妮的生活中比比皆是，我很敬佩她。同时我想到了，在我的生活中，也有这样的例子。

我的姨妈患上了严重的病，这一年中她经

通过阅读，我们会对书中的人物产生这样或那样的感情，这是阅读的收获，也是读后感非常重要的组成部分。

历了多次化疗和手术。起初，姨妈每天以泪洗面，唉声叹气。我去看过她，也给她讲过安妮的故事。当时听完故事，她跟我说这个小女孩真的很乐观、很坚强，她也想向她学习。后来，我听说姨妈非常积极地配合治疗，在病房中也能和其他病人有说有笑了。有一天放学回到家，姨妈还打电话说谢谢我给她讲安妮的故事。

我真高兴，姨妈的病一定能好起来！

姨妈在电话里说谢谢我，其实，我觉得，我们都应该谢谢安妮。

一句话独立成段，配以感叹号，充分表达出小作者的喜悦之情。

五读教主总评

　　汉代的刘向曾说："书犹药也，善读可以医愚。"这句话说的是要善于读书，读书可以"治疗"人的愚蠢。也许他说这句话的时候，并不知道，书还真能"治病"吧！小作者用一个故事，给姨妈带来的新的希望和力量，真是非常了不起！本文的开头和结尾都非常简短，特别干净，尤其是结尾，寥寥数字，言有尽而意无穷，可是读者都懂。这就是好的文章，不必太长，更不要连篇累牍，把想说的话说清楚就好了，再留一点空白让读者回味也不错。

向梦想奔跑吧！孩子

读《绿山墙的安妮》有感

黄涵轶

开头使用了第二人称，直面安妮喊话，特别有震撼力！适当地转换人称，可能会有意想不到的效果哦！

安妮，继续取名字吧！相信我，我们可以做到的！

《绿山墙的安妮》里的安妮非常喜欢给一些事物取名字，可是不管她怎么努力，玛丽拉还是讨厌安妮取的名字。其他人也对安妮的这种做法不理解，有时还嘲笑她。幸好，安妮并没有受影响，还是一直做着自己喜欢的事。读了安妮的故事，我觉得我特别理解她。

因为我和安妮一样，也喜欢给一些事物取名字。有时我会给雨水取名"孔雀开屏"，给饭桌上的西蓝花取名"我的大树"，给一朵白色的非洲茉莉花取名"小白"……妈妈听到却皱着眉："你这取的是什么名字？"这句话，仿佛就像一盆冰水泼在我的心上。不过，我并没有气馁，而是经常用课余时间来想怎么取一个让妈妈满意的名字。

随着时间的推移，不知不觉我已经做取名字这件事情两年了。在这个过程中我感受到了一些不理解，但更多的是快乐。终于有一天，我对妈妈说雨水也可以叫"雨升雨落无穷时"，妈妈露出了惊喜的表情。

别人的梦想是成为科学家、工程师，而我的梦想就是当一位取名字的大师，为裙子、为花朵、为各种事物都取一个动听的名字。

此处用举例子的办法来说明自己"喜欢给一些事物取名字"，列出了三个例子，再加上一个省略号，这样就比较完善了。

五读教主总评

　　《向梦想奔跑吧！孩子》这个标题，一看就让人感到很有激情，原本我们以为会读到类似打球、跑步、武术类的活动，毕竟这些更有动感，而且更常见。没想到，文章写的竟是"取名字"这样的活动。真是让人感到意外啊！不过是惊喜的那种意外！很少有人会选这个角度来写读后感，不，是从来没有，小作者是我看到的第一个！这就是创举！写文章就是要想人所未想，写人所未写，这样的文章才能吸引人。真希望这么有创意的小作者，最后能梦想成真！

意外，成就生活别样的美丽

读《绿山墙的安妮》有感

张暄妍

当生活跟你开了个玩笑时，不用介意，你只要自始至终地向它微笑，它就会报以音乐声。

《绿山墙的安妮》像春雨，滋润着我；像阳光，温暖着我；像小船，承载着我。我可以毫不夸张地说，这本书曾为我指引了正确的方向。

安妮的故事，其实源于一场美丽的意外，也正是这个意外，造就了安妮。孤儿安妮被收养了，她很高兴，可是收养她的兄妹发现搞错了，其实他们想要的是一个男孩。当然，后来安妮也在这个家庭里留了下来，度过了一段难忘的岁月，发生了很多精彩的故事。所以，我总觉得，有时候有些美丽，是由意外带来的。

就像那次临近黄昏，我上完辅导课，坐地铁时又因下课翻找东西、走得慢，而错过了两趟地铁。我当时心里沮丧得很，也无从发泄，只好百无聊赖地看着窗外一闪即过的风景——其实也是见惯的风景。不过，就在地铁从隧道驶出时，我的眼前出现了这样的一幕：一轮红日像喝醉了酒似的，一点一点地往下沉，围绕在它身边的，全是红艳艳的云彩，就像新娘头上披着的红色轻纱，像被太阳熏醉了似的，轻飘飘的。

我从来没有见过这样的落日与晚霞，如果不是错过两趟地铁的小意外，可能就见不到了。

也许这就是生活吧！一会儿狼狈不堪，一会儿善良可亲，一会儿波涛汹涌，一会儿风平浪静。就像安妮，就像我，我们都在生活的怀抱中，热爱着、努力着、享受着……

结尾太美了，文字美，长句短句交错，节奏感把握得刚刚好；意蕴美，生活或许就是小作者说的这样。

五读教主总评

　　一个五年级学生，能把生活理解成这样，真是太不简单了。而且，她还能挖掘到《绿山墙的安妮》这本书中的"意外"这个宝藏，可以说是更加了不起了。文中多次谈及"意外"一词，都非常贴切，竟不使人感到厌烦。这或许与小作者的文笔有很大的关系吧！看吧，这就是文学的力量，好的文字能让人身心愉悦；这也是思维的力量，深度的思考和深刻的见解会让人被深深地吸引，欲罢不能。

《童年》
读后感

珍惜，从不浪费做起

读《童年》有感

彭津源

今天，同学传给我一张图片，是一本漂亮的笔记本的照片，我可喜欢了！

"妈妈，我要买这个笔记本！"我二话不说，把妈妈拉到书桌前。妈妈皱了皱眉："你确定？这已经是你这个月买的第三个笔记本了……"说着，她望向我书柜上的笔记本。

当我随着她的目光望过去的时候，我看到了那一排漂亮的笔记本，还有笔记本旁边的那本《童年》。就是因为这一瞥，我陷入了沉思……

构思多么巧妙！多么有情节性！多么有画面感！这一段描写很像电影拍摄的手法。

《童年》是我刚读完的一本书，讲的是阿廖沙因父亲早逝，母亲带他投奔他的外祖父，可是外祖父并不喜欢他们，常常打骂他们，即便如此，也比他后来十一岁就不得不独立谋生强……阿廖沙从来没有痛快地拥有过什么东西，即使是一本书，他都要辛辛苦苦地赚钱买或者借来看……

再看看我自己，想买什么，大喊一声，或者撒一撒娇，东西就会像变魔术似的出现在我手上。有一次我跟妈妈说想买辆平衡车。妈妈本来认为这个东西没什么必要，但抵不住我的软磨硬泡，就给我买了一辆。一开始我骑得很开心，可是没过几天，我发现它确实没什么用，也就再也不碰了。

想到这里，我真是羞愧，忙对妈妈说："妈妈，笔记本我不买了，而且，从今天起我打算骑平衡车来锻炼身体。"

妈妈很惊讶，不可置信地问："怎么突然……"

"因为《童年》这本书啊，阿廖沙过得那样

这个句子特别有意思，很精练，高度概括了这个时代的小孩子的普遍状态。

辛苦、那样节俭，却依然能活得漂亮，我突然觉得自己的浪费好可耻啊！"

"哈哈哈……嗯，浪费可耻！我的女儿长大了！"妈妈抚摸着我的头，露出了欣慰的笑容。

五读教主总评

　　不得不说，这篇文章的构思是非常巧妙的。读后感的主体内容置于头尾的两段对话之中，嵌入得非常自然，毫无违和感。这两段对话其实就是母女的日常对话，非常真实、形象而生动。关键是还有变化和发展。有什么发展呢？经历了中间部分对《童年》的阅读并联系实际，小作者自发地获得了成长，转变了态度，从而使得前后两段对话内容、对话表情形成了鲜明的对比。行文中还借助了电影拍摄手法，镜头感和画面感特别强，可以说，这样的写法很是高超。

有一种爱，不科学

读《童年》有感

郑歆瑶

用一个排比句悉数自己读《童年》的感受，既点出了《童年》的一部分内容，又淋漓尽致地抒发了自己的感情。

《童年》是我最喜欢的一本书。

我为阿廖沙童年的悲惨遭遇唏嘘不已；为米哈伊尔舅舅和工头们对格里戈里的捉弄气愤；为茨冈尼克的惨死难过……其中我最喜爱热爱唱歌、跳舞，十分爱护阿廖沙的外祖母。

阿廖沙对染布特别感兴趣，他把节日里才能用的白色桌布拿去染色，外祖母担心外祖父发现后会打骂阿廖沙，就偷偷地把布藏了起来……读到这里，我忍不住想起了我的姥姥。

记得有一次，我急着下楼和小伙伴玩，三

下五除二就把作业写完了。正准备往外跑，结果妈妈发现了我那写得不成样子的作业。她正要开始长篇大论地教育我，我却又气又急，还是非要跑出去。妈妈看我这样子，一气之下，抢起桌上的长尺就要打过来，这下我真的害怕了，大声地哭起来。这时姥姥赶紧拉住妈妈，把我护在她的怀里，我藏到姥姥的怀里，是那么温暖，那么安全。后来妈妈冷静下来，和我好好地说了一番道理，我也认识到了自己的错误。那件事情已经过去很久，但躲在姥姥怀里的温暖和安全的感觉是我一直难以忘怀的。

有人说，这样的爱是不科学的，会害了孩子。其实，我想说，是的，与阿廖沙的外祖母一样，我的姥姥也许爱我爱得不够科学，但我曾被这样的爱深深地感动过——这，是不是另一种科学的爱呢？

多么有画面感的场景呀！这样的细节描写，相信能够引起很多读者的共鸣。文章不用长，在关键的地方好好刻画即可。

五读教主总评

　　作文的标题叫作《有一种爱，不科学》，看似带着贬义的感情色彩，其实文章里满满的都是褒义。是啊，小孩子嘛，哪里总是要讲道理、讲科学的。在他需要的时候，给他足够的关爱，也许就是最大的科学道理了。当然，这只是从小孩子的角度来说，如果是大人，可能就得多考虑一些。爱和会爱，是两码事，如何爱得更好，让爱助益孩子，可能是很多家长一生都要修炼的课题。文章最后一段，小作者以反问句结束，更加突出了小作者的态度，读来也让人信服。

不经历风雨，怎能见彩虹

读《童年》有感

苏浩霖

　　读完高尔基先生写的《童年》，很多人都会同情阿廖沙，小小年纪经历了这么多苦难，哪像我们现在的生活这样无忧无虑？

　　是的，不仅阿廖沙，还有其他很多人，都是历经了千辛万苦的。比如阿廖沙的外祖父，他告诉阿廖沙，说自己从前是个孤儿，经常被别人欺负，为了改变这种生活，他没日没夜地拉船，腰越来越弯，火辣辣的太阳和扎人的石块都没有让他放弃，终于，他当上了纤夫头儿，这下日子才算好过一些。

这样的生活离我有点远，不过我外婆的经历倒是跟阿廖沙的外祖父有点像。外婆以前一直生活贫穷，外婆的妈妈告诉她："想要改变现在这种贫穷的生活，就要努力学习知识。"于是，外婆立志勤奋学习，别人在玩的时候，她在学习，别人在睡觉的时候，她在学习。听说，那个时候，只要有时间，她手上都是拿着书本的。终于，通过努力，外婆考上了大学，过上了还算不错的生活。

所以我想，其实我们未必要同情阿廖沙，因为经历苦难并不一定是坏事，如果没有那些童年经历，也许就没有《童年》。有首歌是这么唱的："不经历风雨，怎能见彩虹？"

只要我们能够直面生活，不懈努力，最终一定能战胜苦难。而这些苦难，就会成为我们年老时坐在摇椅上慢慢聊的往事，就像阿廖沙和我的外婆那样。

两个"别人在……她在……"的句式，写出了外婆的决心与行动力，外婆勤奋读书、立志拼搏的形象跃然纸上。

引用歌词来佐证自己的观点，这招很高明！此处的立意比开头时更进了一步，使得文章很有层次感。

五读教主总评

　　本文讲"苦难"，苦难本就是《童年》的一个主题词，看上去简单，实则不简单。小作者从书里阿廖沙的苦难，讲到了阿廖沙外祖父的苦难，这个人物，是不讨喜的，但哪有人是真正的坏呢？其实他身上也有宝贵的品质呀！小作者注意到了，也挖掘了出来，然后联系了自己外婆早年的苦难经历，抒发感慨。是的，小作者深知自己小小年纪，不一定能讲清楚苦难这个话题，所以他借助了经历漫长岁月的老人的经历来表达。这个做法很聪明。

朋友

读《童年》有感

甄天锐

很多人都说高尔基的名著三部曲不可不读，因此，在这次的读书活动中，我翻开了《童年》。

故事中的主人公——阿廖沙遇到了三个衣着一样、相貌相似的兄弟，他们是阿廖沙邻居的孩子，他们从早玩到晚，发现了围墙外偷偷观察的阿廖沙，并且热烈地邀请了阿廖沙。读到这里，我感到阿廖沙生活中的种种不开心、不快乐，甚至是不幸与苦难都通通不见了，只剩下完全属于孩子的快乐，一个普通孩子与朋友一起调皮捣蛋、肆意玩耍的快乐。

阅读的过程中，我们总会有这样那样的感受，尤其是对某些特定的细节，感受就更丰富多样了。将它们记录下来，就可以作为读后感的一个部分。

还有一位成年人也是阿廖沙的好朋友，他有个外号叫作"好事情"，他跟别人不一样，不关心终身大事，沉迷于做实验、做研究。可是，这样一个人，却是阿廖沙的第一个朋友，他对学术的专注与执着影响了阿廖沙之后的人生轨迹。

但是，在作者笔下，美好的友情都容易夭折。三兄弟的父亲上校奥夫相尼科夫阻止了他们的交往，"好事情"最后也被阿廖沙的外祖父给赶走了。

此时，我想起每天在一起学习的同学们。老师曾经说过，是缘分让我们在同一个班，希望我们能够成为很好的朋友。我们的确是很好的朋友，课上一起学习知识，课下一起追逐打闹，运动场上，我们彼此打气，共同努力……然而有时候，我们又太轻率了，因为一句话、一块橡皮都能吵架，好几天都互不搭理，偶尔还会在心里想："哼，我朋友那么多，多你一个不多，少你一个不少！"

读完《童年》，我对"朋友"有了更深的认

此处的描写非常写实，小孩子的世界就是这样，上一刻还好得不得了，下一刻，因为一句话就能闹得谁也不理谁。

识与体会，真正的朋友首先是志趣相投，是惺惺相惜，与身份无关，更与年龄无关，然后是互相珍惜，是用心以待，因为谁也不知道明天还能不能够待在一起。哎，我以后再也不会随意地对待朋友了！

不知道《在人间》，阿廖沙还会遇见哪些朋友呢？

五读教主总评

　　小作者选取的这个角度——朋友，蛮讨喜。是的，人生在世，谁没有几个交心的朋友呢？即使是在那个苦难的年代，阿廖沙也有自己的朋友，一个古怪而专注的成年人朋友，三个特别玩得来的兄弟，这样的朋友，一定是他灰色童年的一抹亮丽色彩。然而本文更有深意，小作者不仅写朋友，还写了对"朋友"这一定义的逐层深化的理解。因为阅读，所以成长；因为思考，所以成长。成长中的孩子，一定会更明白如何对待自己的朋友，一定会更明白如何做别人的好朋友。文章最后提到了《在人间》，这是高尔基三部名著中的第二部，还有一部叫作《我的大学》，希望读者们都去读一读。

我的童年我做主

读《童年》有感

黄子峰

此处非常能引起读者的共鸣，让读者有读下去的兴趣。

每个人都有自己的童年，每个人的童年记忆都不一样，有饥饿的、有痛苦的、有孤独的、有快乐的……

当我读了高尔基的《童年》这本书，心中产生了无限的感慨：原来还有一种童年是这样的。这本书将以高尔基为原型的阿廖沙的故事作为主线展开描写。阿廖沙三岁时父亲去世，随母亲来到外祖父家，那里到处都是争吵、打架，只有外祖母时时刻刻关爱他。在他十一岁的时候，母亲去世了，外祖父也破产了，他

不得不走向社会独立谋生，去经历另一种更加残酷的童年。

我不禁想到了自己，我拥有视我如珍宝的爸爸妈妈和对我无限疼爱的爷爷奶奶；我拥有独立的房间，有干净漂亮的衣服，数不清的玩具和书籍；我还有学可以上，有同学，有朋友……事实上，我每天都过着衣来伸手、饭来张口的生活，这一切，我原本觉得稀松平常，而且理所当然。

幸好读了《童年》，当看到阿廖沙要独立谋生时，我想，如果让我出去谋生，我什么都不会干，去哪找工作？就算捡废品去换吃的，我估计我都干不来，我又怕脏又怕累，还怕太阳晒，下个雨、刮个风，我连学都不想上……天啊！我越想越怕，越想越佩服阿廖沙——他不仅生存下来了，还长成了一个博学的、坚强的少年，真了不起啊！

我会成为怎样的少年呢？这大概取决于我拥有一个什么样的童年。那么谁来决定我的童年呢？我记得有个口号叫作"我的青春我做主"，那是不是也可以说"我的童年我做主"呀？想到这里，我突然有了一种紧迫感、危机感！

天啊，我再也不能这样衣来伸手、饭来张口了！我赶紧从沙发上跳下来，去厨房帮着妈妈一起做饭了。

这个结尾很有意思，戛然而止，却深意无穷。

五读教主总评

乍一看这标题，一种既熟悉又陌生的感觉扑面而来。是的，我们听惯了"我的青春我做主"，"我的童年我做主"还是第一次听。小作者在这里做了一个仿写，好！其实，模仿是一种练习写作的好办法。我们可以模仿别人的字、词、句，可以模仿别人的结构安排，可以模仿别人的创意构思……正所谓，"他人之石，可以攻玉"嘛。当然，模仿时一定要注意结合自己的实际，具体情况具体模仿，绝对不能生搬硬套，否则就会闹出"东施效颦"的笑话。

动物——我们的精灵朋友

读《童年》有感

姚嘉妮

开篇即不俗，一个"苦难"，一个"温情"，形成了鲜明的对比，特别有张力。

高尔基的《童年》呈现了一个苦难的时代，其中也不乏温情。特别是有一个情节，读过之后让我心里暖暖的。

那个情节讲的是阿廖沙的外祖母对她的马很好。有一次，她的马被人拉去拉货，回来时，外祖母边卸马套边心疼地说："我的乖宝贝呀！你想调皮吗？可以，你闹吧！"看，文中的外祖母多可爱呀！称呼马为宝贝，可见外祖母很喜欢它。外祖母卸完马套，又立刻问："想吃面包吗？"马吃面包时，外祖母就用慈祥的目光看着它，用手抚摸着它，读到这里，我在心里默默地为这位外祖母点赞：多么善良的外祖母啊！

我和文中的外祖母一样，有一个小宠物，就是我的兔子，我对它也很好。只要一有时间，我就会和它聊天，给它说一些好玩的事情；我还经常给它洗澡，给它清洁笼子；只要我一回家，兔子就会立刻竖起耳朵来，好像刚刚洗干净耳朵准备听我说话似的。

有一次，小兔子不知道受了什么惊吓，满笼子窜，谁去抱它也没用。我马上放下手上的事情，跑过去安抚它，它慢慢地安静了下来，然后我把它抱出来，喂它吃胡萝卜，给它讲故事，它也乖乖地听着，还时不时用小舌头舔舔我的手。妈妈经常开玩笑说，不知道的人还以为你天天在跟精灵兔子交朋友呢！

是的，其实每一个动物都是精灵，都是人类的朋友，它们和人一样，都有生命，都渴望被爱。我喜欢《童年》里外祖母对待马儿的模样，真美！

生活中的一个小片段可以作为叙述特点、刻画形象的一种方式。此段描写可读性强，画面感满满，小作者和兔子之间的融洽跃然纸上。

五读教主总评

　　从动物的角度读《童年》，真是绝无仅有。小作者这篇读后感，首先在选材方面就略胜一筹。想想，也只有孩子会选择这样的角度了。孩子的单纯、天真使他们在阅读厚重型作品时，看到的可能不是广阔的社会背景、厚重的时代背景，而是作品中一些有趣的、可爱的、温暖的、感人的细节和片段。谁说这不是孩子的优势呢？他们往往能看到大人看不到的角度，读出大人读不到的新意来。读后感，就是要读出自己的滋味，如果能让读者产生共鸣，那就更好了。

《我的妈妈是精灵》读后感

成长的烦恼

读《我的妈妈是精灵》有感

肖雨桧

什么？我的妈妈是精灵？

看到这个题目，大家一定会产生疑问吧。我也不例外。

读完这本书，我发现，拥有一个精灵妈妈，是一件多么有趣的事情啊！精灵会飞，会魔法，会做很多人类做不到的事。这有什么不好呢？但是，精灵也有自己的烦恼，渴望感情，渴望被身边人接受……

就像这个时代的小学生，尤其是身为六年级学生的我们。

有的人认为我们长大了，他们对我们说："你们已经是六年级的学生了，长大了，要自己对自己负责了。"如果能自己负责自己，我们想自己决定什么时候做作业，什么时候休息；我们想自己决定玩不玩电子游戏，玩多久；我们想自己决定读什么书，读多久的书……其实想想，也挺美好的。

不过，现实是老师会说："你们还是学生，要以学习、做作业为主，把作业完成了再做其他的事。"妈妈会说："乖，来看这本书吧！这本书对你的考试很有帮助。"爸爸会说："都快毕业了，还玩什么电子游戏？赶紧学习去。"……

天啊！我们到底应该怎么做呢？！

其实我并没有答案，但从这本书里，我找到了一些线索：无论是人，还是精灵，都是有烦恼的，世界上没有谁是无所不能的，没有什么事情是完美的；另外，无论是人，还是精灵，都是要成长的——精灵妈妈从没有感情，成长为一个非常懂得爱别人的妈妈；陈淼淼和李雨辰，从懵懂无知的少女，跌跌撞撞地成长为

短短一行，独立成段，强调了小作者内心的矛盾和纠结，这也正是同龄人的心声啊！

坚强的女孩。

　　难怪朱自强如此评价《我的妈妈是精灵》："这是一部帮人拭去泪水、心灵变得坚强的作品。"我虽然依旧烦恼，却更坦然了。也许，这就是这本书带给我的最重要的力量吧。

是啊！本来以为妈妈身为精灵，有魔力，有法术，是完全不会有烦恼的，可是没想到，精灵也有烦恼！精灵尚且有烦恼，更何况我们这些凡夫俗子呢？小作者只撷取了生活中的一个矛盾点，进行了非常鲜明的对比，牢牢地抓住了同龄人的心——谁说不是呢？一方面说要这样，一方面又说要那样。小作者代替同龄人发出了呐喊："天啊！我们到底应该怎么做？"以此将本文推向高潮。当然，就如同生活一样，不是事事都有答案的，本文最后也没有给出解决方案，只能说，一边烦恼，一边成长。如此而已，如此足矣。

感情是世界上最黏的胶水

读《我的妈妈是精灵》有感

石嘉叶

　　《我的妈妈是精灵》讲述了一个六年级女生陈淼淼和她的精灵妈妈最后不得不分开的故事。读完这个故事，我心里特别难过，久久不愿说话。

　　这个故事里有很多让我感动的地方，其中让我最难忘的是陈淼淼的妈妈说的一句话："从心里流出来的胶水是人的世界里最好的东西，透明的，黏糊的，让你的心越来越结实的，你们这个世界的人把它叫作感情，这是我们的世界没有的东西。"和家人在一起后，妈妈这个精灵才慢慢懂得了感情和怎样爱一个人。为了省钱给淼淼补习功课，妈妈动用了超能力；为了让淼淼开心起来，妈妈用精灵的方式给孩子买玩具。到了最后不得不离开人类世界时，妈妈提前准备了一大堆日用品，把淼淼十八岁前的衣服、鞋子全部买好了……

说得多好啊！人与人之间的感情就像胶水，感情越深，胶水越黏。以前我从来没有想过，人与人之间除了血缘以外，竟然还可以像胶水一样黏。虽然这是精灵妈妈的说法，但自从我知道了以后，我发现好像真的是这样。

我哭的时候，妈妈会安慰我，替我擦眼泪；我生病的时候，妈妈会整夜不睡地守护着我；我遇到困难的时候，爸爸会帮我出谋划策；我害怕地躲起来的时候，爸爸总是把我抱起来，扛在肩上，对我说："孩子，不要怕，有爸爸呢！"……这一幕幕，每当我回想起来，心里都会暖融融的。以前我不知道感情为什么像胶水，现在我觉得精灵妈妈说感情就像胶水没错，而且是那种非常黏的胶水，是我一辈子都不想挣开也挣不开的胶水。

我真庆幸，我的妈妈不是精灵，而是一个普普通通的妈妈，这样，我们就能在一起到老了！

此处选取的片段非常动人，而且主题集中，都在讲精灵妈妈拥有了感情，学会了如何爱人。

小作者从书中的话联系到实际的生活，对"感情就像胶水"有了切身的体会。

五读教主总评

　　本文从一个三年级小朋友的视角出发，写出了他对书中"感情是世界上最黏的胶水"的好奇、认识和理解，符合认识的规律，也运用了具体的方法：通过联系实际，打破阅读和生活之间的屏障，自发地理解和领会。特别了不起哟！文章语言清新自然，犹如一股清泉，还带着叮叮咚咚的溪流声，读来十分悦耳。最后一段的童言稚语，更是简短、有趣、有意味，值得回味！

接受变化，迎接明天

读《我的妈妈是精灵》有感

李其润

在《我的妈妈是精灵》这本书中，六年级女生陈淼淼的妈妈是来自另一个世界的精灵，在妈妈的秘密被发现之后，爸爸不愿意再与精灵生活在一起，决定离婚。陈淼淼在好朋友李雨辰的鼓励下慢慢接受了事实。最后，妈妈不得不回到精灵世界，永远不能再回来。

读完这本书，我的眼角泛起了泪花。我不仅为陈淼淼失去妈妈而伤心，更为她的坚强而感动。在即将和妈妈永远分开时，她虽然心里万分难过，但是并没有崩溃失控，而是坚强地

大家发现了吗？同一本书，可以有不同的概述，到底如何概述更好？围绕并服务于文章的中心更好。

面对离别。我们也应该像她对待妈妈一样，在拥有的时候全心全意地珍惜，在失去时也接受事实、接受变化。

类似的事情也在我身上发生过。前几周，我家的小乌龟在冬眠中去世了。这只小乌龟陪伴了我快六年的时光，我为它的离去无比伤心，无法接受这个事实。就在前几个月，它还又是"翻盆"又是追着扫地机器人"跑"，怎么会这样呢！一想到它永远不在了，我就觉得生活失去了很多快乐。可是看完这本书后，我慢慢能接受小乌龟离开的事实了，我要像书中的陈淼淼一样，接受变化，迎接明天。

变化每天都会发生，就像那句很有名的话："我们不知道意外和明天哪一个先来"。所以我们更要好好珍惜现在拥有的一切；在不得不失去的时候，我们也要调整心态，接受变化，迎接新的明天！

五读教主总评

本文特别突出的一个特点就是主题鲜明，文章每一段都是围绕主题写的，每一字每一句都是为主题服务的。因此，文章结构显得特别紧凑，语言非常精炼。是啊，生活中有无穷无尽的变化，有些变化可能是让人喜悦的，有些变化却是让人悲伤的。当变化来临，我们可以怎么办呢？可能就是要提醒自己"接受变化，迎接明天"，毕竟，错过了太阳，可不能再错过星星了。

每个妈妈都是精灵

读《我的妈妈是精灵》有感

谢静雯

此处的破折号用得好，破折号后面的排比句精简、生动、有力。

《我的妈妈是精灵》里的主人公叫陈淼淼，她有一个让人艳羡的"妈妈"——她的妈妈会做出"吃了跑得比兔子还快"的炒蘑菇，会用带法力的眼睛辅导她学习，会使用感情的"胶水"黏住想要离婚的爸爸，甚至能够带她和她们好朋友飞起来……然而妈妈为了这个家，不敢碰一点黄酒，同时不得不喝下青蛙血来维持住人类的模样。

初读，我惊叹于作者无穷的想象力，又欣赏她的一颗美好童心。其实，在每一个孩子心中，妈妈都伟大得如同有无边法力的精灵或者神仙。她们每天有用不完的精力，打扫卫生、烹饪美食、辅导作业、经营家庭，并且常常忽略自己，日渐老去……有时候，我对妈妈说："妈妈，你休息一下吧！"妈妈却说："宝贝，我不累。"有时候，我问妈妈："你不是很喜欢蓝色吗？"妈妈却说："但是你喜欢粉色，就买粉色吧！"有时候，我告诉妈妈："我想像你一样。"妈妈却说："你做自己就好。"妈妈，世界上的妈妈们，都像陈淼淼的精灵妈妈一样，围绕着"家"，围绕着"孩子"。

支持着淼淼妈妈、我的妈妈以及其他人的妈妈的是"胶水"（感情），它看似捉摸不透，却真真实实地存在在我们的世界里，就像这本书中说的：人间，是一个"充满胶水"的世界。

故事的最后两章是哀伤的，因为精灵妈妈走了，消失不见了！可是，我始终相信，精灵妈妈滋养了陈淼淼心灵的爱是永远不会消失的……

三个"有时候"，一桩桩，一幕幕，温情流动，爱意满满。叙述中，常常可以使用这种轻描淡写却意蕴无穷的写法。

五读教主总评

　　本书的书名是《我的妈妈是精灵》，令人好奇，让人产生莫大的阅读兴趣；而本文的题目是《每个妈妈都是精灵》，另有一番风味，让读者突然就心领神会了，突然就笑了，然后急切地往下读。小作者的文笔极好，文字中虽有淡淡的忧伤，但更多的是流淌着爱意与温情。文中多处使用了排比、对比等修辞手法，非常契合地融在了抒情与哲思共存的文字中。是的，所有的技法都是为中心服务，所有的技法都高不过心法——诚挚、爱。

我要我的妈妈，不管是不是精灵

读《我的妈妈是精灵》有感

黄宝仪

也许每个孩子，都希望自己的爸爸妈妈与众不同：或者能飞，或者会变戏法，或者拥有百宝袋，能给我们想要的一切……

《我的妈妈是精灵》这本书里就有一个这样的妈妈。

这本书讲了外科医生（爸爸）、"蓝人"（妈妈）以及陈淼淼（女儿）之间的故事。我觉得这是一个忧伤的故事，它很完整地记录了一个离婚家庭的故事。在这个家庭里，每个人都是受害者，但每个人都没有错，只是因为妈妈

这个开头真是说出了广大孩子的心声，谁不希望有一个精灵妈妈、超人爸爸呢？这段描写特别能引起读者的共鸣，好！

是"蓝人"。

读了这个故事，我感到深深的悲伤，尤其是在看到陈淼淼为了不让爸爸妈妈离婚所做的一切时，我真的心痛不已。她想了很多办法挽救他们的婚姻，可是最后还是失败了。多可惜，又多可怜啊！我身边也有一个这样的同学，我经常看到她一个人默默地发呆、一个人上学、一个人回家。有时我也想陪陪她，可是她说："谢谢你，只是，有些事情，我还得独自去经历……"我知道她说的有些事情是指什么，她曾经在我的怀里哭过。那段时间，她总是泪流满面地问我："为什么？为什么？为什么当初要在一起，生了我，又要分开丢下我？"我答不上来，我们都答不上来。这世间有太多我们无法理解的事情了。

我知道，对于离异家庭的孩子来说，也许他们希望拥有的并不是一个多么神奇、多么万能的妈妈或爸爸，而是一个属于自己的、爱自己的妈妈或爸爸。

连续几个"为什么"，连续几个问号，问得读者心疼、揪心。反复的修辞手法有时就是这么厉害。

五读教主总评

　　本文从精灵妈妈说开去，说得大家都激动万分，频频点头：是啊！是啊！然后小作者话锋一转，逐渐向忧伤滑去。是啊，"理想很丰满，现实很骨感"，谁都想要无所不能的爸爸或妈妈，可现实是，有的人甚至没有爸爸或妈妈。与其幻想，不如回归于一个小小的愿望：把我的爸爸或者妈妈还给我……这篇文章，在一定程度上反映了现代社会的婚姻问题，也表达了孩子的困扰和心声，有深刻意义。

一样的爱，百样的法

读《我的妈妈是精灵》有感

钱佳喻

　　这几天，我读了一个奇妙的故事《我的妈妈是精灵》，讲的是陈淼淼发现妈妈是精灵，后来她的爸爸要离婚，陈淼淼想尽各种办法阻止，最后没有成功，精灵妈妈只好离开人类世界的故事。

　　读这个故事的时候，我既感慨作者神奇的想象力，又很羡慕陈淼淼的妈妈对陈淼淼的爱——她真的很温柔，可以说是对陈淼淼百依百顺，而且她从来不责备陈淼淼，就连陈淼淼犯了错也只会教她下一次怎么做才好。

这让我想起了自己的奶奶，她很严厉，总是因为一点小事批评我。这不，刚才她又因为我作业本上的一行字没写好批评我了。每到这个时候，我就很羡慕陈淼淼：她的妈妈对她多温柔呀！奶奶如果也这样对我就好了！

后来，我听妈妈说，因为我有蹬被子的习惯，奶奶知道我怕热，但又担心开了空调我会着凉，所以总是起来给我扇风、理被。如果我的被子太厚了，她就会把自己的薄被给我盖上。奶奶是东北人，她特别怕热，但是为了我，她心甘情愿地盖那一床大厚被。

妈妈对我说："其实奶奶很爱你，她起夜看你是爱你，她批评你字写得不好也是爱你。"

我觉得妈妈说得很有道理。现在我不再羡慕陈淼淼了，因为我终于明白：有的大人爱批评你，有的则很温柔，可不管他们用哪一种方式，他们都是爱你的。

通过阅读，通过对比，引出自己的心情和心愿，这也是一种读后感的写法。

此处妈妈的话很精简，是点睛之笔。有时候，读后感的感，不一定非要由自己说出口，也可以借助他人之口表达出来。

103

五读教主总评

    小作者在生活中遇到了一些自己不太理解的行为和现象，这是很正常的，毕竟年纪还小。并不是每一个人都能在严厉和批评中感受到爱的。所以当小作者读到《我的妈妈是精灵》时，她自然而然地产生了羡慕之情。当然，人都是有理性、会思考的，所以小作者没有沉浸在这种情绪中无法自拔，而是进一步思考奶奶的做法，听妈妈说了一些自己不知道的情况后豁然开朗：原来，一样的爱，有百样的法呀！正如文章结尾处所言："有的大人爱批评你，有的则很温柔，可不管他们用哪一种方式，他们都是爱你的。"是的，这点毋庸置疑。

想当然大阅读

快乐读书吧

推荐书目 读后感 02

成长小说篇(下)

何捷 主编

人民邮电出版社

北京

《童年河》
读后感

勇于挑战，敢于尝试

读《童年河》有感

何宇轩

勇敢是什么？是小鸡破壳而出拥抱世界的力量；是雏鹰展翅翱翔蓝天的魄力；是滴水穿石不畏艰难的精神。读完《童年河》这本书后，我明白了，勇敢更是战胜恐惧、勇于挑战、敢于尝试的精神。

主人公雪弟就是一个勇于挑战、敢于尝试的人。每一次挑战，他都要面对翻滚的河水，面对扎进水里那一瞬间的疼痛与恐惧，但是他还是不断尝试，最终取得了成功。

我们也要学习雪弟勇于挑战、敢于尝试的

精神。就拿举手回答问题这件事来说，别看它是件小事，却困扰我许久。每次上课老师提出问题时，我总想第一个举手回答。然而在那一瞬间，我的心里却有两种声音在搏斗：一种声音在说，去吧，勇敢地举起手来，你会赢得认可与掌声；另一种声音却在说，别丢人了，要是答错了，看大家怎么奚落你！最终我的勇气败下阵来，想举起的手总是中途悄然放下。

终于，一个偶然的机会改变了我。那次还是像往常一样，面对老师的提问，我的手在不断进行拉锯战，可没想到在我还未完全举起手时，我的举动竟然被老师的"火眼金睛"捕捉到了！"何宇轩，请你回答。"这句平常的话却让我的脸顿时火辣起来，我感觉有一股力量拖得我站不起来。正当我想说还没想好时，突然我想起雪弟，他在练习跳水的时候是不是也有胆怯在拉住他呢？只有敢于摆脱胆怯的束缚，才有机会成功呀！在课堂上也是如此，不要害怕答错，有想法就要说出来，答错了又如何呢？只有这样我们才能真正去探索正确的答案呀！

生活中的哪些事需要我们勇于尝试？上课举手回答问题，这事虽小，却需要勇气，这个例子选得很好。我们平时写作文的时候也可以举出一些贴近生活的小例子。

终于，我鼓足勇气说出了自己的想法，虽然那不是最佳的答案，但是老师认可了我的思路。经过老师的引导，我再次挑战，没想到竟然得出了最佳的解题方式！这一次挑战胆怯的经历给了我极大的力量，它让我在一次次挑战中勇敢地站了起来，不断进步。

勇敢有多大的力量？只有勇敢，才可能看到这世界更加缤纷的色彩；只有勇敢，才能像雏鹰一样积蓄搏击长空的力量；只有勇敢，才能掌控自己的生命之舵，走在正确的道路上，走向成功。

五读教主总评

　　勇敢是一种优秀的品质。雪弟用勇敢克服了胆怯，提升了自己。小作者在一次偶然的机会中战胜了胆怯，为之后的进步打下基础。文章的思路清晰，逻辑合理。小作者以抒情开头，又以抒情结尾，让读者在优美的文字中感受到了勇敢的力量。愿小读者们都能勇敢尝试新事物，让自己获得进步。

幸福的事

《童年河》读后感

肖祎轩

我读了一本书叫《童年河》，讲的是主人公雪弟从乡下到上海上学期间发生的故事。

《芦花，芦花》是其中一章，写了雪弟和一只叫"芦花"的猫慢慢从陌生变得熟悉，芦花和他的亲婆也越来越亲密的过程。后来，芦花死了，大家都很难过，于是，雪弟就画了一幅芦花的画像安慰亲婆。这一段温暖有爱的故事，让我想起了我和我的外婆。

我的外婆很爱吃，但她有糖尿病，妈妈不让她吃甜食。有时候我和妈妈在吃东西，她看见就会问："你们在吃什么呀？"我们告诉她之后，她又会问："好不好吃呀？"如果说好吃，那她就会说："让我也尝一尝吧。"但平时餐桌上我喜欢的菜，她总是留给我，有时连一口也不尝。她会精心给我织很漂亮的毛衣，妈妈说外婆织的毛衣像一件艺术品。外婆也很关心我的健康，天冷了，就叫我加衣服；每当我坐姿不正确时，她都会提醒我。

我也爱我的外婆。一次她过生日，我亲手给她做了一件黏土小像当礼物——那是一个坐在沙发上拿着花的外婆。她很开心，一直收藏着那份礼物。出去爬山的时候，我怕她摔跤，就一直小心翼翼地扶着她。休息时，我还会给她捶背。我也经常给她讲笑话，她常常被我的笑话逗得哈哈大笑。

外婆爱我，我也爱外婆。童年时，有温暖的家，有可亲的长辈，是件多么幸福的事啊！

外婆很爱吃，从对话当中就可以看出来，哪怕那种食物对她的身体不好。但是"我"喜欢吃的菜，外婆总会留给我。为什么呢？因为外婆对"我"有深深的爱啊！这里将外婆的行为一对比，爱就流露出来了。

五读教主总评

　　童年时，有温暖的家，家人之间有爱就是幸福。这是小作者向我们传达的讯息。小作者从书中的一个故事入手，感受雪弟和亲婆之间的亲情，再联想到自己与外婆分别用自己的方式爱着对方，最后升华主题，谈亲情与幸福。其实小孩子的幸福很简单，小读者能感受到，大读者也可以通过这篇文章了解小孩子的想法。《童年河》里还有许多快乐，我们不妨也找一找，写一写！

消灭外号，善待他人

《童年河》读后感

孙沐熙

　　《童年河》讲述了雪弟从贫困的乡下到繁华的上海读小学时，与他的亲人朋友之间发生的故事。这些故事有的妙趣横生，有的让人惊恐不已，还有的令人感动至极。《上学第一天》这一章写了调皮的小蜜蜂（雪弟的同学——米峰）给别人取各种搞笑的外号的事：他把刘碧娣的名字改为"流鼻涕"，把毛智丽的名字改为"麻栗子"，把穆阳恭的名字改为"磨洋工"，还把唐彩彩的名字取为"唐三彩"。读到这里，我为被取外号的这些人感到愤愤不平，内心十分同情他们。

我也有被取外号的经历。刚上一年级时，我的名字被人改为"安慕希"——一个酸奶的品牌名。当时我怒发冲冠，脸涨得通红，用牙齿紧紧咬住嘴唇，鼻子里冒着粗气，眼睛狠狠地瞪着那个给我取外号的高年级"坏蛋"，却不知如何争辩。放学回家后，我质问妈妈为什么给我取了"孙沐熙"这个名字，现在别人叫我"安慕希"。妈妈委婉地说："安慕希可是比孙沐熙晚几年出生呢！要论原创，当属孙沐熙呀！"听完这句幽默的解释，我顿时捧腹大笑。从此以后，别人再叫我"安慕希"时，我就会用自豪的语气一字一顿地把妈妈的话告诉那些人。

取外号会伤害别人的自尊心，如果我们可以像唐彩彩那样乐观，不理睬别人的羞辱，找回内心深处的那份坚强，将外号抛于脑后，就会心情舒畅了。给别人取外号，可能自己开心了，但是被取外号的人会很苦恼并感到自卑，所以我们都应当站在对方的角度和立场来考虑问题。因为外号会像一个"跟屁虫"一样，一

被取外号的人会感到愤怒。愤怒怎么体现？表情、动作来帮忙。我们可以看到小作者的脸变了色，五官都在使劲，脑袋空白，气得一句话都说不出来。

旦被黏上，就很难甩掉，所以最好的做法就是不要给别人取外号。

给别人取外号是对他人的一种羞辱和不尊重，我们想要得到他人的尊敬，就要善待他人、尊重他人，以心换心才能获得他人的尊敬。

巧用比喻，将外号对人的负面影响写了出来。外号不仅不好听，还会长期黏着它的"主人"。这时候提出解决问题的方法就顺理成章了。我们描述一个问题的时候，应先分析这个问题造成的危害，再提出解决问题的方法，这样会更有说服力。

五读教主总评

　　外号是每个孩子在成长过程中都会遇到的，有的被取外号，有的给别人取外号。与外号有关的经历在童年回忆中似乎不太美好，所以小作者在读到这一章的时候有感而发，写下了这篇读后感。

　　小作者从不同的角度出发，向我们说明了被取外号的人会有怎样的困扰、给别人取外号是不尊重他人的表现，还列举了自己的亲身经历。这篇读后感从不同角度看同一个问题，是值得我们学习的思考方法。

平凡者也有闪光点

读《童年河》有感

郑昀昕

　　"把每一件简单的事做好就是不简单，把每一件平凡的事做好就是不平凡"，读完《童年河》这本书，我的脑海里闪过企业家张瑞敏的这句话。雪弟是一个平凡的孩子，他的童年像一幅画卷铺展在我的眼前，其中，我印象最深的要数《图画课》那章了。雪弟在别人眼里只是个连唐三彩是什么都不知道的乡下小子，而他在图画课上用《夏天》这幅画证明了自己，使同学们对他刮目相看。

　　平凡者也有闪光点，关键是你如何去挖掘。

　　引用名人的话，开篇点题，点明"平凡者也有闪光点"这一主题。我们写作文的时候也可以像小作者这样，开篇就表明自己的观点。

117

那么那些学习成绩不好，常被认为"一无是处"的学生，就真的一无是处吗？

　　我的表妹个子小小的，成绩也不理想，大家总是和她开玩笑。可有一件事颠覆了我对她的认识。有一次学校要举办运动会，表妹回家告诉大家她想参加两百米赛跑。当时大家都愣住了，表哥甚至哈哈大笑着说："你这小短腿儿，人家跑一步顶你跑两步！"听到这句话，表妹的脸瞬间涨得通红，紧接着泛出一丝白，但她的眼里有一道光闪过，快得我们都来不及捕捉。接下来的两周时间，表妹每次回家身上总是一身汗味，鞋子也莫名其妙地穿坏了两双。舅妈问她干什么去了，她却总是咬着牙什么也不肯说，为此没少挨骂。不久，运动会开始了，第一天就有两百米赛跑，当我听到广播报出的运动员名字里有表妹的时候，我怀疑是不是自己听错了。我顺着跑道一个个看去，站在第三道的那个比旁边同学都要矮一个头的小女生不就是我的表妹吗？我的心一下子提到了嗓子眼。砰！枪声响起！运动员们如离弦的箭一般向前

通过人物的神态变化，读者感受到了"表妹"当时的委屈和倔强。

飞奔，表妹也全力冲刺，没想到"小冬瓜"跑得特别快，率先守住第二的位置，紧跟着第一个同学，最后竟然稳稳地拿下了第二名！

这一刻，我明白了，每个人都有自己的闪光点，抓住闪光点努力不也是一件很幸福的事吗？抓住它吧，努力实现自己的理想，我相信，这样你会离成功更近一步。

五读教主总评

　　小作者以"平凡者也有闪光点，我们要努力把平凡的事做好"这一角度展开阐述自己的读后感。文章从《童年河》的主人公雪弟出发，雪弟虽然十分平凡，但是他能通过努力证明自己，这种行为让小作者明白了每个人身上都有一种不平凡的特质，只要努力，一定能取得成功。接着他从自己表妹的事例中找到共同点，抓住细节，写出人物的情绪变化，推动情节发展。整篇作文脉络清晰，层层深入，写出了小作者的真情实感。

忆童年

读《童年河》有感

陈谱歆

爸爸拿给我一本书，说："读书可是天下最乐事呢！"我仔细一看，是《童年河》，我便津津有味地读了起来。

这本书的主人公雪弟从小在农村长大，过惯了与亲婆在一起的生活。突然有一天，阿爹将他接到上海，他的生活彻底改变了。雪弟认识了城市里形形色色的人，结交了各种各样的新朋友，遇到了许许多多的新事物。

雪弟的童年就像一条条河流，是家乡的那条不知名的河，也是上海的那条苏州河。而我的童年是和小鸡们一起玩。

每年暑假我都会回长乐老家。一天，我看

每一本书的题目都与书的内容紧密相关，把握住"童年河"三个字，也就把握住了整本书的线索。读书的时候适当挖掘题目的内涵，也是一件趣事呢！

到小鸡正在活蹦乱跳，我便想到了一个"主意"，我可以骑"鸡马"啊！我蹑手蹑脚地走到一只公鸡旁，趁其不备，单脚一跨，呈马步状，一手抱住它的脖子，一手像握着一根缰绳一样不停地转，嘴里不停地喊："驾！驾！驾！"一副威风凛凛的样子。

鸡跑，我也跑；鸡跳，我也跳。不一会儿，公鸡跑累了，我也气喘吁吁了。看公鸡这么配合我，我偷偷摸摸地跑回屋内，来到米缸边，把盖子偷偷挪开，悄悄地把手伸进米缸里，敏捷地抓一把米，又一溜烟跑回鸡窝。我想犒劳一下我的鸡，我还想让我的"士兵"们听我的话，我把米往左边一撒，它们屁颠屁颠地跑了过来；往右边一撒，它们又屁颠屁颠地跑过来，就像一群训练有素的士兵。我这个"鸡将军"当得可真得意啊！

"吃饭了！我都叫你好几遍了！"妈妈敲了我一下，把我从遐想中拉了回来。我轻轻地合上这本《童年河》，抚平封面，将它放到书架上最醒目的位置。我想再过十年，我还会再读一遍《童年河》，再回忆一遍我自己的"童年河"！

五读教主总评

　　童年像一条河流，灵动却一去不复返。小作者读着雪弟的故事，联想到了自己的童年。骑"鸡马"的创意大胆又有趣，骑"鸡马"的过程热闹且快乐，作为"鸡将军"的小作者犒劳鸡的场景写得十分生动。本文语言生动，画面感强，让读者意犹未尽。回忆童年，快乐是那么简单。多年后再读《童年河》，我们还会有新收获。

人与动物是朋友

《童年河》读后感

程可含

心爱的动物突然去世，遇到这样的事，任何人都会难过。小作者抓住这个重要的细节写自己的感受，这样文章就很具体了。

寒假里，老师为我们推荐了几本优秀读物。其中我最喜欢的是作家赵丽宏写的《童年河》，拿到书我便爱不释手地翻阅起来。

这本书讲述了小男孩雪弟从崇明岛的老家来到繁华都市上海所发生的各种趣事，还有他与家人之间的亲情，与小伙伴之间的友情。雪弟对这个世界充满了好奇心，他是一位纯真、善良、勇敢、充满爱心的小男孩。

当我读到雪弟家的猫"芦花"历经千辛万苦才找到回家的路，却因为太饿了误吃老鼠药而死时，我流下了伤心的眼泪。我想起了六岁生日时妈妈送我的两只大眼金鱼，它们身上红黄相间，有一条扇子一样的尾巴，性格温顺。每天我放学后，总会去和它们说说悄悄话，喂它们吃喜欢的食物。我弹琴的时候，它们会游来游去为我伴舞；我朗读的时候，它们也会静静倾听；我和姐姐玩游戏比赛时，它们又好像在给我加油呢！可是有一天，它们变得病恹恹的，没有什么力气的样子，无助的大眼睛透着点哀伤，默默地看着我。我立刻跑去向妈妈寻求帮助，可是还没来得及把它们送到宠物医院，它们就永远离开了我。那一天，我伤心极了！

合上书本，我的脑海里仍然浮现着芦花与大金鱼的影子。大金鱼对我的陪伴就像芦花对雪弟的陪伴一样，它们是我们生活中的伙伴，与它们相处的时光是那么愉快。人与动物是朋友，我相信，未来我会有更多动物朋友。

用上拟人的写法，让金鱼有了人的思想、表情和动作，我们读的时候就能想象到画面了。我们写作文的时候，也可以在适当的地方用上拟人的写法哟！

五读教主总评

　　宠物是童年的重要伙伴，宠物的突然离世往往让人痛苦不已。小作者抓住这个很具体的"痛点"，写出了自己的感受，这个感受让许多读者发自内心地赞同。小作者还道出了人与动物是朋友的观点，升华了主题。当然，把动物当成人来写，不仅生动有趣，还能拉近人与动物的距离，这是一种巧妙的写法。愿每个小读者在成长的过程中都拥有要好的动物朋友。

《我要做好孩子》
读后感

我也要做好孩子

读《我要做好孩子》有感

林昭羽

我们在写读后感的时候一般会简单介绍一下故事的情节。小作者在介绍故事情节的同时还分析了主人公的想法，让读者真切地感受到主人公的善良。我们在阅读的时候也可以根据人物的言行分析他们的想法。

我读过许多书，但其他书都没有《我要做好孩子》这本书中的人物形象生动有趣，让我印象深刻。我最喜欢文中的主人公金铃，因为她很有爱心。

我印象最深的是金铃为了照顾好蚕宝宝，不惜一切代价寻找桑叶，最后还偷了孙奶奶的桑叶。她可能像我一样，觉得蚕宝宝也是一条生命，不能见死不救。尤其是她下定决心要替蚕宝宝找到桑叶，哪怕是找遍全城，哪怕是临时做一回乞丐，哪怕是当一回"小偷"，只要能挽救蚕宝宝的生命，她都在所不惜。

书中这样的事例太多太多了。

其实，金铃的成绩在班级中不是最好的。但是她的正直和善良让我无法忘怀。这让我想起我的一些同学，他们有的乐于助人、有的心灵手巧、有的热爱劳动、有的能言善辩……虽然他们的成绩可能并不是最优秀的。可是俗话说"尺有所短，寸有所长"，每个人都各有缺点和长处，我们怎能仅仅用成绩去衡量一个人的好坏呢？

我就曾遇到过这样的情况。我的同学林巍成绩不怎么好。从一年级起，他就和我同一天值日，很多同学放学后都要上课外辅导班，经常没完成值日就先走了，只有他默默地劳动，一丝不苟地扫地，每次都把值日生的任务全部完成后才离开，甚至有时候因为值日任务很重，他直到天黑才能完成任务回家。这使我深刻地认识到：拥有爱心、责任心才是最闪亮的。

我想，一个好孩子的内涵应该是十分丰富的。分数并不代表一切，更重要的是品格。一

每个人都有优点，小作者引用俗语，用最浅显易懂的方式来说明这个道理，表明了自己的观点，说出了许多小伙伴的心声。我们在讲道理的时候也可以引用名言、俗语，简洁明了地表达出自己的想法。

个人善良、有爱心，他就是好的。学习成绩优秀只是好孩子的一个方面，更重要的是要像金铃那样，善良、正直、仁爱、宽容。我也要做个好孩子，努力学习、不断上进，并且拥有一颗金子般美好的心。

五读教主总评

　　小作者有一双善于发现美好的眼睛，她认为品格良好就是好孩子。小作者从金玲的言行中感受到金铃的爱心，从同学值日的过程中感受到同学的善良，最后赋予了好孩子更丰富的内涵，也说出了自己要做一个有美好心灵的好孩子的想法。我们在阅读的过程中也可以主动发现美好的品格，想想自己身边的好人好事，再写一写。

感恩父母

读《我要做好孩子》有感

黄诗淇

今天，我读了《我要做好孩子》这本书，书中金玲的妈妈赵卉紫很爱金玲，为了提高金玲的数学成绩，妈妈帮着金玲找家教，还带着金玲去医院检查、督促她吃药。我能感受到金玲妈妈爱女心切，希望自己的女儿可以成为更棒的孩子。

我不禁想到自己的经历。小时候我的个子很矮，爸爸妈妈担心我以后长不高，就在我上中班的时候教我跳绳。刚开始，我觉得跳绳很难，经常跳几下就被跳绳绊住，只能停下来重新跳。停下来的次数一多，我跳绳的积极性就大大降低了。每当这时，妈妈就会递给我一杯热乎乎的牛奶补身体，并对我说："失败是成功之母，再试几次吧！宝贝。"妈妈的鼓励让我的心里暖暖的，我拿起跳绳，继续练习。天长日久，我不再害怕跳绳，而且跳绳的速度越来越快。我不仅长高了许多，还在学校的跳绳比赛中取得了好名次。

　　我和金玲一样幸福。我的爸爸妈妈也为了我牺牲许多。爸爸早出晚归，努力工作，为了让家里的经济条件更宽裕。妈妈为了多陪伴我，放弃了升职加薪的机会。为了让我健康成长，爸爸妈妈每天都为我准备营养丰富的饭菜。我在爸爸妈妈的爱护下，像一棵小树，正在茁壮成长。感恩父母，让我的生活越来越好。

可怜天下父母心。爸爸妈妈做的一切，都是为了让孩子健康快乐地长大。这几句简短的描述为小作者感恩父母做了铺垫。

五读教主总评

　　父母总是无私地付出，而且从不向子女索取什么。金玲的父母是这样，文中小作者的父母也是这样。小作者用朴实无华的语言向我们讲述了她感受到的父母之爱。写作的素材来源于她平时的观察和思考。父母的爱可以从他们的语言、动作、表情中传达出来。通过小作者对妈妈的语言、动作进行的描写，读者能够从中感受到妈妈的温柔体贴。愿所有小读者都能像本文的小作者一样，怀着感恩之心对待父母。

鼓励的魔力

《我要做好孩子》读后感

王予仁

　　在《关于老师》一章中，我读到金玲原来的老师——王老师辞职去国外，金玲对王老师一直念念不忘，对新来的邢老师有严重的抵触情绪，经常拿她跟王老师做对比。后来因为邢老师对金玲的鼓励和肯定，金玲对邢老师的态度才开始转变。

　　是的，在我看来，老师对小朋友的鼓励和肯定是有魔力的。有了鼓励和肯定，他们更愿意接受老师的教导，更愿意改正自己的缺点，更愿意积极向上。我在这方面深有体会。我跟王老师学了四年的吉他，有时他还教我唱歌。他是个阳光、幽默、爱鼓励小朋友的老师，我非常喜欢他。有一次，我要参加歌唱比赛，王老师指导我唱歌、帮我编舞。因为我的身材和金玲一样，有点胖胖的，我有点不自信，在跳舞的时候一直放不开，畏首畏尾，优美的舞蹈硬生生被我跳成了机器人舞，一点美感都没有。当我完全丧失信心的时候，王老师鼓励我说："予仁，你的舞感很好，你要自信点，大胆放开跳，你可是老师心目中的美少女哦！"我哈哈大笑，随之而来的一股强大的力量让我自信满满。于是我放开了手脚，跳出了轻盈的舞步，越跳越有感觉。"我就知道你行的！"王老师不禁鼓起掌来。

后来，我在那次歌唱比赛中获得了一等奖。感谢我的老师！是他的鼓励和肯定让我越做越好。我想对所有的大人说："好孩子，是夸出来的！"老师的鼓励和肯定是孩子前进的动力，是不可缺少的精神食粮。鼓励和肯定远比批评有效多了！

读到这里，读者的内心被触动了。小作者和金玲一样，是个胖胖的姑娘，她会不会有和金玲相似的经历呢？写出书中主人公与自己的共同点会让读者有不一样的感受。

老师的鼓励和肯定是有魔力的，那就把老师说的话写出来。相信大家都喜欢老师的鼓励。在故事里，人物的语言可以体现出人物的个性，还可以突出主题。我们在写文章的时候也可以写一写人物的语言哟！

五读教主总评

　　有的时候，我们会发现自己与书中的人物有相同的经历，这时我们就可以把这次经历写下来，加上自己的感受，这样读后感就很鲜活灵动了。小作者对鼓励的魔力深有体会，把老师鼓励自己的话语一一记在心里，再写下来。我们看到原本有些自卑的小作者渐渐自信起来，越做越好，这就是鼓励的"魔力"。整篇文章被鼓励的"魔力"包裹着，透出愉快的气息。

师生情

《我要做好孩子》读后感

陈泓萱

最近我迷上了一本书——《我要做好孩子》。书中的主人公金玲是一位善良、乐观、上进的女孩。虽然她的成绩不太好，但她在老师心目中一直是个品格优良、乐于助人的好孩子。

读这本书时，我觉得金玲就是我，我就是金玲，因为我和她有很多相似的地方。其中最让我印象深刻的是第十九章金玲的班主任邢老师生病时，金玲给她送去一朵花的片段，它使我想起了去年的一天。

那天，听妈妈说我的幼儿园班主任吴老师

摔伤了腿，就住在我小学旁边的医院里，我心里很着急，便打算去探望吴老师。去医院的路上，我经过一家书店，于是就想到给吴老师买一本书，选来选去，最终选了一本《海蒂》，我抱着书快步朝医院奔去。打开病房的门，吴老师看见我，惊讶地说："泓萱，你长高了这么多！快进来吧！"我跑到老师面前，说："吴老师，您疼吗？"吴老师说："可疼了，你平时一定要当心，千万别像吴老师一样摔伤了。"我一看吴老师包裹着石膏的腿，心里很急，忍不住流出了眼泪。我想偷偷地擦去眼泪，不想让老师看见。可是，吴老师先伸出了手，帮我抹去了眼泪，笑着对我说："老师现在看见你很开心，已经不疼啦！你别哭，别伤心，老师喜欢看你笑！"于是我拿出书，说："吴老师，这本书是我送给您的，您在医院多看看书就不会那么无聊了。""谢谢你。"吴老师说。不一会儿，护士阿姨进来说老师该休息了，我对吴老师说："我要走了，不过下周我会再来看您的！"

后来，我经常会想起老师自己忍着伤痛反

从"我"跑、擦眼泪的动作以及"我"说的话中都可以看出"我"对老师的关心。我们平时在写作的时候，也可以通过描写人物的动作、语言来体现人物的心情。

过来安慰我的事，特别是她帮我擦去眼泪的时候，她手上的温度仿佛还留在我的脸上。岩石会崩裂，河水会干涸，唯一不变的是情谊，我们师生间的情谊也将开出一朵美丽的花，永远绽放在我心中。

　　金玲以她自己的方式，向老师表达着她的爱。本文的小作者也有自己敬爱的老师。小作者写自己去医院探望老师的过程中着急的心情以及细心为老师挑选礼物的事例，我们从小作者的动作、语言中感受到了她对老师深深的爱。病床上的老师忍痛安慰小作者，也体现了老师对学生的爱。整篇文章思路清晰，行文流畅。师生间互相的关爱，金玲拥有，小作者拥有，如果你也拥有，那就分享一下吧！

外婆奶奶的那些事

《我要做好孩子》读后感

张畅偌

最近，我家的书架上出现了好几本新书，其中最吸引人的就是《我要做好孩子》。我觉得这本书似乎很有趣，果然，我打开书不久就沉浸其中。

书中的主人公——金玲，一位长得圆嘟嘟的可爱小女生，虽然成绩普通，但天性热情善良，阅读的书籍类型众多，她的作文时常妙笔生花，读来令人忍俊不禁。她的某些想法、某些缺点，像极了某些时候的我。

最让我印象深刻是《外婆家，奶奶家》这

金玲与小作者之间有哪些相似之处呢？我们想继续了解。在文章的开头适当设置悬念，会更吸引人哟！

142

一章，金玲喜欢去的两个地方、喜欢去的原因居然跟我一模一样：去的那天可以一整天不碰书本作业，不跟妈妈谈那些令人头疼的考试成绩，而且可以无限制地吃自己喜欢吃的东西。看到这儿，我忍不住笑了起来。

打开回忆的窗口，每年暑假，我都会去外婆家住几天。在外婆家的我简直可以"称王称霸"，没有妈妈念经般的唠叨声，没有让我十分头疼的家庭作业。电视遥控在我手，想看什么按什么，想吃什么喊上一声，外婆立马张罗着摆上。外婆家还有一个超大的木桶，可供我边吃点心边舒舒服服地泡澡，这样的日子真是快乐似神仙。而在奶奶家的日子里，妈妈每次训斥处罚我，都会有所克制，比如声音温柔一些，眼神柔和一些。但奶奶她老人家总是觉得我"营养不良"，特别喜欢喂我吃饭，每每我吃撑跑掉，她还要追在屁股后面再往我嘴里塞一口饭，真是令我烦恼。

我的外婆和金玲的外婆一样，喜欢逛街游玩、懂得生活。外婆宠爱我，尽力满足我的各

有的时候，发现大人的秘密是那么有趣！有奶奶管着妈妈，妈妈就会温柔许多。原来读书可以发现这样的乐趣呀！"我"的妈妈和金玲的妈妈也很像啊！

种要求，又不会强迫我做不愿意做的事情，更不会勉强我让着弟弟和妹妹。金玲的奶奶对她又是溺爱，又是埋怨，又是心疼，又是气恼。这像极了我的奶奶，总怕我没吃饱，要给我喂饭，心疼去托管班的我没得吃，埋怨我总是做事磨磨蹭蹭，气恼我不好好学习敷衍了事。

读完这章，我觉得天下的奶奶和外婆都一样，宠爱着我们。而我也要学着渐渐长大，学着好好孝顺她们，并尽力改正自己的缺点，做一个自己眼里的"好孩子"。

五读教主总评

　　《我要做好孩子》这本书可以让小读者发现大人们的共同点。瞧，小作者一下就抓住了外婆、奶奶对（外）孙女细致的宠爱。奶奶和外婆各有不同的方法来爱孙辈，外婆为"我"准备许多好吃好喝的，奶奶不让妈妈随便凶孩子，这些爱让小作者沉浸其中，心中欢喜。这篇文章的语言轻松幽默，还向我们道出了"甜蜜的负担"——奶奶总怕小作者吃不饱。我们的生活不就是这样的嘛！最后，小作者说出自己要孝顺外婆和奶奶的时候，我们也很开心。小读者们也要用自己的爱回馈亲人们哟！

成长的酸甜

《我要做好孩子》读后感

邱璃珵

　　近日，我读了《我要做好孩子》这本书，书中的主人公金玲是一个六年级的小学生，她成绩中等，但她是一个机敏、善良、正直的小女孩，她为了做一个让家长、老师满意的"好孩子"，做了很多努力，但她为了保持自己的纯真，也做了很多"抗争"。

　　当我读到第二十五章《最后一个儿童节》，看到金玲的朋友杨小丽因为不想这么快长大而哭泣时，我深表赞同，我也不想长大！幼儿园的时光多么快乐！每个周五都有好吃的自助餐，每到期末还有聚餐，汉堡薯条、骨肉相连，还有各种零食，我可以敞开肚皮使劲吃。周末也没有种类繁多的培训班，我可以尽情地玩耍。每逢节假日，爸爸妈妈都尽量带我出去旅游。不像现在，妈妈总说："不行，去不了，你还有课！"或是爸爸来"威胁"："你要是考试没考好，哪里都别想去！"

当我读到"金玲幸福地叹着气说：'生活真好啊！我真想快一点长大呢！'"我觉得奇怪：童年这么美好，金玲为什么想长大呢？我陷入了沉思。哦，对，长大了我可以在游乐园里玩更多刺激的项目：过山车、大摆锤、激流勇进……我现在比起小时候认识更多字了，可以自主看书，在知识的海洋里自由地遨游，我从书中知道了飞鱼是怎样飞的、为什么芬兰会出现不落的太阳，我还了解了用锤子也锤不破但用一根手指头就能戳破的非牛顿流体、中国悠久的历史文化……我还可以帮妈妈做更多家务了！煮饭、擦家具、扫地、拖地……我样样都能行。我学会了思考，我为解出一道数学难题

比起幼儿园的时光，小学多了许多学习任务，长大似乎成了一件不那么快乐的事。小作者写出了长大的烦恼，你觉得长大有什么烦恼吗？

而感到轻松愉快，我为做冰沙却意外做出了装甜点的"冰碗"而感到自豪，我为新冠肺炎疫情期间那些奔赴一线救死扶伤的医务人员的举动而感到振奋！我希望我长大以后也能成为一个对社会有用的人，一个能够帮助别人的人。我想做白衣天使，救死扶伤；我想做消防员，扑灭大火；我还想做植物学家，研究更多有趣的植物，保护环境……想到这里，我也像金玲一样发出感叹："生活真好啊！我真想快一点长大呢！"

成长像滋味丰富的水果糖，有酸有甜，很美好。我相信，在未来，我和金玲都会成为更好的大孩子。

长大的好处也不少，独立、能干、会思考，一一罗列效果好。你是不是也体会到了成长的好处？

生活美好，未来可期。酸酸甜甜就是成长的滋味啊！用水果糖作比，不仅刺激了读者的味蕾，也触动读者的心灵。

五读教主总评

　　《我要做好孩子》这本书让小读者们看到了金玲的成长，也让小读者们思考成长这件事。本文的小作者想到了成长的滋味，成长是好事还是坏事呢？小作者给出了自己的答案，成长的过程中有烦恼，但是收获的喜悦让她憧憬未来。本文思路清晰，层次分明，语言流畅。读完本文，相信不少小读者也在心中画出了一幅属于自己的未来的蓝图。

《小英雄雨来》
读后感

勇敢的"魔法"

读《小英雄雨来》有感

陈政博

动画片一样的
开场，引出了书中
的主人公，也吸引
了读者的注意。真
是活泼又欢乐！

"扑通——"是谁掉进了水里？只见水圈渐渐扩大……忽然，远处的水面上露出了一个小脑袋。他像小鸭子一样抖着头上的水，用手抹一下眼睛和鼻子，嘴里吹着气，咧开嘴笑了……正是雨来。

雨来不仅调皮可爱，还很机智勇敢，与敌人斗智斗勇，毫不畏惧。敌人抓住雨来，向他套问交通员李大叔的下落，用糖果和金戒指哄骗他，拳打脚踢逼问他，就是套不出雨来的话，气得敌人说要把雨来拉出去枪毙。村民们都认为雨来必死无疑，雨来却找准机会，跳进河里，死里逃生。

读罢《小英雄雨来》，掩卷沉思，我的脑海里依稀浮现出一幅幅画面，一个个像雨来一样机智勇敢的孩子依次出现：王二小不惜牺牲性命，也要把敌人引进八路军的埋伏圈；小夜莺为游击队员传递消息，帮助他们歼灭了许多敌人；还有小嘎子勇敢地与敌人、汉奸展开一次次斗争……

不仅现代有许多这样勇敢的孩子，古代也有不少：缇萦小小年纪，向皇帝上书，甘愿当女仆为父亲赎罪，她的勇敢不仅救出了父亲，而且让皇帝废除了"肉刑法"。还有沉香，居然敢违抗玉帝的旨意，劈山救母。

勇敢是有魔力的，不仅让他们的难题迎刃而解，也令我刮目相看，肃然起敬。我也做过很多勇敢的事情，其中印象最深的是"斗狼狗救表弟"。

那天，我正啃着鸡腿，悠闲地走在回家的路上。

讲完古今勇敢孩子的事例之后，再介绍自己的亲身经历。这段话不长，却起到了承上启下的作用，自然地引出了自己的事例。

"啊——别……别追我！"一阵凄厉的叫声钻进我的耳朵。我抬头一看，只见我的表弟正被一只大狼狗紧追不舍。他吓得脸色煞白，拼命地向前狂奔。那狗呢，汪汪直叫，眼看就要咬到他了！

"别怕，我来帮你！"我叫道。

说时迟，那时快，我一个箭步蹿过去，对着那只大狼狗大喝一声，手用力一挥，把鸡腿砸过去。那大狼狗显然被我的气势吓到了，"嗷——"它后退几步，哼哼几声，灰溜溜地吃鸡腿去了。

表弟得救了，他后怕得"哇"的一声哭起来。我连忙安慰他，送他回家。

想到这里，我不禁笑起来，想起歌德的话："勇敢里面有天才、力量和魔法。"

五读教主总评

　　文章好不好，题目很重要。勇敢有什么魔法？读了才知道。开头的画面为整篇文章设定了明亮的基调。小作者读完书还进行了思考，把古今知名的勇敢孩子的故事罗列出来，证明解决难题的"魔法"就是勇敢，勇敢的人令人敬佩。小作者再以自己为例，说明勇敢的"魔法"。最后点题，突出中心，起了强调的作用。文章主题鲜明，语言活泼，情感积极，向读者展现了少年朋友们乐观向上的精神面貌。

因爱而坚定

《小英雄雨来》读后感

黄旭堃

我们阅读的时候可能会产生各种各样的疑问，小作者在书中找到了答案，再进行理解，就产生了独到的见解。边读书边提问也是阅读的好方法哟！

最近，我读了一本书叫《小英雄雨来》。我最喜欢《这儿是中国的土地》这一章。它让我体会到了雨来冒着生命危险保护家园的坚定。

阅读的过程中，我产生了一个疑问，为什么雨来在保护家园的时候不惜付出生命呢？我在书里不停地寻找答案。终于，我找到了一句反复出现的话："这儿是中国的土地！"因为雨来热爱自己的家园，他心中有坚定的信念，那就是保护家园。

雨来的故事给了我启发，我想到妈妈说过，

人的潜力是无穷的，坚持做自己热爱的事不动摇，就会有收获。

　　我有一个梦想——当主播。我经常看到别的主播制作的视频，他们的作品内容丰富、生动有趣，我很羡慕他们在视频里流畅自如的表演。有时我会想象自己是一名主播，也能给其他小朋友带来快乐。这不仅仅是梦想而已，我知道"台上一分钟，台下十年功"的道理。所以每天我都尽快完成作业，利用剩余时间来练习，比如给全家人讲故事、模仿相声表演等。为了提升自己的朗读能力，我坚持每天在应用软件上朗读自己喜欢的故事，然后反复听自己的朗读录音，发现不足之处加以改正。长时间坚持练习让我的语音发生了很大的改变，我由一个说话带着方言口音的男孩子成了一个能用一口流利的普通话说相声的小演员。在最近一次班级联欢会上，我讲的故事获得了同学们的好评。那次表演之后，妈妈对我说："你的表演很棒！你今天取得的成绩和每天的练习是分不开的。如果你想实现当主播的梦想，就要继续

因为爱，所以坚定；因为坚定，所以坚持；因为坚持，所以有了可喜的进步。小作者在本段用事实证明了自己的观点。

坚持，不能轻言放弃。"听了妈妈的话，我告诉自己，我热爱这个职业，所以我一定会坚定地为了实现梦想而努力。

我又想起雨来，他热爱自己的家园，并且坚定地用生命保护它。雨来的故事让我更加明白，如果真的热爱，就坚定信念，坚持努力，我相信自己一定可以！

五读教主总评

因为热爱而坚定地做一件事，在感到身心愉悦的同时，我们还能获得进步。正是因为有无数像雨来一样热爱家园、坚定守护家园的人，我们的祖国才会越来越好。小作者从自己的日常生活出发，展现了因为热爱，所以坚定练习，最后取得进步的故事。本文语言通俗，说理清晰，事例贴近生活。

捐躯赴国难，视死忽如归

读《小英雄雨来》有感

吴子乐

以名家名句作为标题，开篇点题，给读者强烈的视觉和心灵冲击。我们平时也可以积累一些名句，让它们在作文里"点睛"哟！

曹植说过"捐躯赴国难，视死忽如归。"《小英雄雨来》是管桦写的一篇抗日故事，它主要讲述了雨来智斗敌人的故事。雨来为了掩护交通员李大叔，拒绝了敌人对他的诱惑，在危难时刻仍不泄露半点秘密。雨来这种视死如归，勇敢与恶势力斗争的精神让我感动！面对外来侵略，我们的爱国先辈总能站起来与邪恶力量搏斗；面对艰难困苦，我们的仁人志士总能挑起大梁开辟前行的道路。

每个伟大的民族都少不了英雄，每次伟大

的前行都少不了他们的负重前行。

2020 年，新冠肺炎疫情悄然暴发，许多人被传染、生病，病毒在扩散，病毒在蔓延，病毒在夺取越来越多人的健康与生命！这时，一群身披白褂的白衣天使站出来了！一批又一批，他们纷纷驰援湖北。他们不畏困苦、不计生死，一心想着救人。

有一位医护人员在采访时说出了他们救治患者时的辛苦。在救治患者的时候，因为体力透支，汗水不断从脸上渗进防护口罩里。因为口罩不能排水，所以整个口罩内部浸满汗水，他们连呼吸都不敢大口呼吸，生怕被汗水呛住。她说话时，我看到她的脸颊上印满了防护口罩褪去后的痕迹，那是战斗的印记，那是奉献的烙印！看到这里，我的眼泪不禁盈满眼眶，因为我知道，这只是他们面对的众多困难中的冰山一角！在如此艰苦的情况下，他们还是一心救人，从不言弃。

没有什么岁月静好，都是这些可爱的人在为我们负重前行。是他们舍弃小我，顾全大局，

2020 年最受关注的事就是新冠肺炎疫情，在这次疫情中涌现出无数令人敬佩的白衣天使。关注时事，也能丰富写作素材。

付出一切只为让人民过上健康、安稳的日子，这就是爱国情怀！作为一名少先队员，我感受到自己肩上担负的责任，感受到只有像雨来和白衣天使们，以及许多在为祖国的建设和繁荣发展默默贡献的人一样，将祖国装在心里，将爱国作为自己成长的座右铭，这样，我才能长成一棵笔直的参天大树，用自己的力量去呵护祖国母亲，为祖国母亲的发展贡献力量。加油吧，少年！奋斗吧，少年！

五读教主总评

　　不管在什么年代，中华儿女对祖国母亲赤诚的爱从未改变。雨来为了掩护交通员李大叔，视死如归；医护人员为了抗击疫情，奋战在一线，不畏艰苦。小作者没有空谈爱国，他把我们身边普通人的故事娓娓道来，点出做好自己该做的事，承担自己应承担的责任就是爱国。最后，小作者号召少年们用自己的力量为祖国母亲的发展出力，将爱国落到实处。本文语言铿锵有力、掷地有声，让读者感受到少年的朝气和担当。

机智巧办事

《小英雄雨来》读后感

陈泓萱

直接将自己读书时的心情、动作写出来，读者就能够感受到小作者的激动了。读者也会好奇，这本书哪里有趣呢？

今天我向大家推荐一本书——《小英雄雨来》，这本书写了小男孩雨来为了掩护革命干部与敌人英勇斗争的故事。我读这本书时，一会儿提心吊胆，紧张得心怦怦乱跳；一会儿热血沸腾，激动得替雨来拍手叫好……总之，我觉得读这本书实在是太刺激了，雨来也成了我心目中的偶像！

雨来是机智的，他带领同学们一起从敌人手中救出了自己的老师，并且把敌人首领拖到水里淹死了。读到这儿，我发自内心地佩服雨来，因为孩子是不可能用武力打败大人的，但雨来用另一种方式——发挥自己的聪明才智，打败了凶狠的敌人。

　　我想起去年的一天，学校的兴趣班提早下课了，我走出校门，想看看妈妈会不会提早来接我，就在这时，一个陌生人走到我身边，说："小朋友，你能带我去东街口吗？"我的心一下子提到了嗓子眼，脑子里一片空白，紧张极了。但当我想到沉着、机智的雨来时，我心想："别慌，他不找街上的大人带路，怎么会找我一个孩子呢？"当我心中有无数怀疑时，我看见了同学昭羽的妈妈，于是我灵机一动，指着昭羽妈妈对陌生人说："看，我妈妈已经在等我了，不好意思我得回家了，再见！"说完，我赶紧向昭羽妈妈跑去，向她借了电话打给妈妈，让她来接我。

　　雨来是勇敢的，他为了掩护交通员李大叔，无论敌人怎样威胁、暴打，雨来都不肯供出李大叔的下落。我想，如果是我被敌人暴打，一定会惊恐万分，那究竟是什么让只有十二岁的

小孩子面对凶狠的敌人，体力处于下风，这个时候运用智慧才能打败敌人。这个观点很棒，适用于所有的孩子。我们在生活中怎么运用聪明才智打败"敌人"呢？小作者接下来就用自己的亲身经历进一步说明。

雨来如此坚强、勇敢呢？我抱着这个疑问继续往下读，最终，我找到了答案，它正是书中反复出现的一句话——"我们是中国人，我们爱自己的祖国"。和雨来相比，我们现在的学习环境很优越，所以我们应该让自己成为更好的人。虽然在学习和生活中，我们会遇到许多突发状况，但我相信，只要像雨来那样遇事沉着、机智、勇敢，一切问题都能迎刃而解！

五读教主总评

生活中的大事小事都需要我们机智应对，小作者抓住雨来机智办事的特点来抒发自己的感受，直言雨来是自己的偶像。小作者还用自己"智斗"陌生人的事例来说明雨来的机智、沉着一直激励着自己。小作者将自己与雨来进行比较，谈到要珍惜优越的学习环境，是很巧妙的写法。这样一来，更显出雨来的沉着机智的可贵。我们在写读后感的时候，也可以将自己与故事的主人公进行对比哟！

少年的独立

《小英雄雨来》读后感

曾凤

一部小说，多读几遍可能就会有新的感受。小作者再次品读，产生新的感受，感受到雨来的独立。我们也可以用这样的方法，重温读过的作品，感知新的内容。

在这个假期里，我重温了一些经典小说读物，最近重温的一本便是《小英雄雨来》。

雨来为了救李大叔受到了敌人的严刑拷打和威逼利诱，却还是坚强不屈，在被敌人带去河边枪毙时，水性极好的他跳进水里，成功从敌人手里逃脱的故事让我印象深刻。我佩服雨来的勇敢机敏，再次阅读的时候，我又有了新的感受，我看到了雨来的独立，是自己可以独当一面的那种独立。

反观我们，我们处在一个微妙的年龄段。

我们希望家长能把我们当作大人看待，但是遇到挫折后又开始依赖家长。在这个年龄段，我们还会产生逆反心理，不想父母过多干涉自己的生活。我们想要独立思考，不愿意接受别人过多的建议，觉得自己可以独当一面了。

有一次，爸妈要回老家一趟，我为了证明自己很独立，便自信满满地对他们说："放心，我可以照顾好自己的！"爸妈看我那么执着，只好把我留在家里了。第二天，我睡到十点才起床，洗漱后又躺回了床上，午餐也就忽略了。到了下午我觉得饥肠辘辘，就到外面随便吃了点卤面。晚上，我心血来潮想煮面吃，可是煮面的过程十分艰难。每次水沸腾后都会溢出来，溅出来的水还烫伤了我的手。我忍着疼把面捞出来就开始吃，吃了一口才发现盐都没放。看着自己被烫伤的手、难吃的面，我的眼泪不住地往下流，最后还打电话给妈妈哭诉："妈妈，一个人生活太难了……"

那次过后，我才深刻地意识到自己对独立的认识其实很模糊，我还不能离开父母独自生

小作者抓住自己所在的年龄段的特点，向读者们说出了自己的心声。这个心声有代表性，能够引起许多同龄人的共鸣。这样的心声会引起更多读者的注意哟！

活，我追求的独立并不是真正的独立。这让我想起雨来，雨来是一个坚强的孩子，就像一颗生命力顽强的种子，就算在墙缝里也能顽强生长。我不应该继续做饭来张口、衣来伸手的温室花朵，我应该学会照顾自己的日常起居，只有照顾好自己，才能独当一面。

雨来的独立值得我们学习，成为独立的少年，先从照顾好自己开始！

五读教主总评

　　《小英雄雨来》向读者展示了一个英雄少年的形象。小读者们作为新时代的少年，也有英雄梦，也想像雨来一样独立。小作者抓住一个情节进行品读，温故知新，对独立有了新的认识。小作者先说自己所在的年龄段少年们的特点，使小读者既能产生阅读兴趣，也能感受到小作者的思考；再联系自己的生活经历，能引发许多小读者的思考；最后指出真正独立之前，少年们应该怎么做，让我们看到了新时代少年的正能量。

珍惜美好生活

《小英雄雨来》读后感

邹筱拉

雨来的年纪与小作者差不多，生活的环境却很不一样。抓住生活环境的差异进行对比，也是写读后感的好角度。

最近读《小英雄雨来》这本书，我的感受很深。雨来在与我们差不多的年纪过着和我们完全不一样的生活。他出生在晋察冀边区的一个河边的小村庄，村庄边的小河是天然的游泳池，雨来和小伙伴们每天都在河边玩得不亦乐乎。这期间掌握的游泳本领，为他之后在敌人的眼皮底下逃跑打好了基础。想想我们生活在现代化的城市里，有时还是感觉无聊，没有地方玩，只有在家里玩电子产品才觉得有意思。比起雨来，我们现在有各种各样的玩具，却经常在电子产品上浪费时间。我们不仅没有发现生活中的乐趣，还不懂得珍惜无忧无虑的生活。

雨来生在战争时期，那个时候，人们连吃顿饱饭都很难，更不要说去上学了。但是革命区的同志们还是鼓励孩子们去念书，雨来的爸爸也安排雨来去上夜校。他们的夜校校舍就是小伙伴家里的豆腐房，破旧简陋。但是雨来还是很珍惜这来之不易的学习机会，认真地包书皮，小心地翻书。雨来的"豆腐房学校"和我们的学校相比，真是有天壤之别。我们学校有塑胶跑道，有音乐教室，有信息教室，有乒乓球室……学校里还有许多先进的教学设备。现在想想，我们有什么理由不好好学习，我们怎么能不学好本领来报效祖国呢？我经常在练琴的时候抱怨弹琴太累，在做作业的时候抱怨作业太多。可是雨来在物资匮乏、生命安全得不到保障的战争时期都能坚持学习，我还有什么好抱怨的呢？

雨来就像一个老师，教我们关注生活的美好，教我们珍惜学习的机会。我会慢慢改正自己的坏习惯，养成好习惯，好好学习，努力成为更优秀的人。

雨来在简陋的豆腐房中学习，即使学习环境不好，也不能减少他认真学习的动力。小作者想到自己的学习环境优越，不由地开始反思自己的学习态度，真情实感就流露出来了。

173

五读教主总评

　　大人们常常说幸福生活来之不易，小孩子要珍惜。可是我们往往身在福中不知福。读了《小英雄雨来》，我们看到雨来生活、学习的环境后，才在对比中感受到了自己的幸福。我们在写读后感的时候，将自己的生活环境与文中人物的生活环境进行对比，会给读者带来独特的感受。小作者对比了自己和雨来的生活、学习环境，看到了雨来的优秀品质，反思了自己做得不好的方面，真切的感情也打动了读者。

《毛毛》
读后感

倾听的能力

读《毛毛》有感

方海骅

阅读的时候根据题目进行猜测也是读书的好方法。怎样的品格才算得上非凡？读者应该也想去探索。

《毛毛》这本书在第二章展现了主人公毛毛的一种与众不同的能力，就像章名《一种非凡的品格，一次平凡的争吵》。这种能力到底是什么呢？带着这个疑问，我打开了书。

原来，毛毛结交了很多新朋友，他们常常来毛毛家聊天，有事也来问问毛毛。久而久之，"去找毛毛吧"成了朋友们的口头禅。他们和毛毛在一起越久，就越是感觉少不了她。不论是犹豫不决的人，畏畏缩缩的人，遭遇不幸的人，还是心情抑郁的人，都能在毛毛那儿感到舒适。

原来，毛毛的非凡能力就是"善于倾听"。

"谁要还是认为倾听并非什么了不起的事情，那就试一试吧！"书里的这句话打动了我。在生活中，妈妈常说我是个急性子，与人相处的时候总是急着表达自己的想法，却不知道对方想要什么，所以有时候与我交流有点辛苦。那么倾听真的能改变这一切吗？

五一假期的时候，邻居出去旅行，他们把猫咪寄养在我家两天，这可把我高兴坏了，我太喜欢猫咪了。没想到猫咪刚到我们家的时候非常焦躁不安，不停地扒门，发出哀怨的叫声。这可把我急坏了，我搬出好吃的猫零食、各种逗猫玩具，想逗乐它，没想到猫咪非但不领情，还一直弓着背竖着毛朝我发怒，不让我亲近，我的心情十分低落。

这时妈妈提醒我，要学学毛毛，先倾听一下猫咪的心声。于是我就像书里写的那样，搬个小凳自己安静地看书，并用余光观察猫咪。果然，熟悉了环境的猫咪渐渐不再揪心地叫唤了。它先躲在沙发底下观察，几次想出来，却

总结书中的内容——倾听让各种各样的人感到舒适，由此提炼出非凡的能力是善于倾听，有理有据。

由于我按捺不住急着伸手抱它，又缩回角落。我只好再次保持距离"倾听"，给它自由的空间和足够的时间。果然，没过多久，猫咪终于认可了我的好意，过来蹭我的腿撒娇了！我想它应该也"倾听"到我的心声了吧！

看来，倾听真的是很管用呢！我觉得，倾听是在别人误解时冷静地听完别人的话，是在争吵时听完对方的观点再说自己的看法，是被批评的时候不着急反驳。急躁往往解决不了问题，冷静、耐心地倾听才是明智的。

五读教主总评

不仅仅在书里，在现实生活中，倾听也是一种非凡的能力。小作者根据故事的内容感受到倾听对书中人物来讲有多重要，再联系生活，找出生活中的例子支持自己的观点。倾听很管用的观点也就深入读者的心了。文章紧扣"倾听"这个主题，小作者先写出自己与猫咪用心倾听彼此的心声，关系渐渐融洽的过程，再引出不同生活情境中的倾听方法，层层深入。相信不少读者能在生活中用上这非凡的能力！

请温柔地打"怪兽"

《毛毛》读后感

牛士先

《毛毛》是一本特别好看的书，我觉得它告诉了我们"时间就是生命，生命在人心中"的道理。其中，我最喜欢的是《假风暴和真雷雨》这一章，因为它让我懂得了温柔也是一种力量！

一天下午，天气又热又闷，暴风雨快要来了。主人公毛毛和她的朋友们一起玩了一个惊险又刺激的游戏。在游戏中，大家分别扮演船长和水手，共同乘坐一艘科学考察船——"阿尔戈"号，深入一片危险的海域，去征服可怕的龙卷风。龙卷风是一个高速旋转的"巨型陀螺"，大家想了很多办法都没能让它停止转动，船上的大炮也不能把它击碎。就在大家无计可施的时候，一旁默默听大家说话的茉茉桑，温柔地唱起了她家乡的古老歌谣，优美的歌声竟然催眠了"陀螺"！龙卷风神奇地平息了，大家都得救了！

这个故事真新奇！

它让我想到我经常和小伙伴玩的游戏——"打怪兽"。我们用厉害的武器"攻击"对手，总要拼个"你死我活"。然而，故事里柔弱的小姑娘只用一首童谣就打败了"怪兽"，真是不可思议！

这样看来，打"怪兽"不能只靠强大的武器和野蛮的暴力。人的内心只要足够善良，用温柔的情感也能战胜"怪兽"。温柔和善良好似明亮又暖和的太阳可以驱散黑暗和寒冷，就像《梨子提琴》中小松鼠的音乐让狐狸和狮子放弃了暴力，动物们不再你追我赶，森林里充满了快乐。爸爸妈妈还给我讲了圣人老子的故事。如果问你，牙齿和舌头哪个坚硬呢？你一定会回答牙齿对不对？但人老了，牙齿会掉光，可

小作者对原书故事的复述既简明扼要，又引人入胜，颇有电影的镜头感，"无计可施""竟然""神奇"几个词语运用得非常好，为下文做了必要的铺垫。

由书里的情节想到了自己的生活场景，画面切换流畅，对比鲜明，为下文的感悟做了进一步的铺垫。

是舌头依然很灵活。

我还想起了自己亲身经历的一件事。有一次，我和好朋友豆豆放学后约定一起去操场玩游戏。我们都坚持要自己定游戏规则，谁也不迁就谁，于是争执了很久，游戏迟迟不能开始。眼看就快到回家的时间了，我选择退让。这样，我们才玩起了游戏，有了愉快的体验。

这些都和《毛毛》这本书告诉我们的道理一样，"柔弱"有时会胜过"刚强"！《毛毛》这本书，宛如一个神奇的宝盒，只要我们打开它，就一定会收获很多惊喜。

有了上文的层层铺垫，这里的感悟就水到渠成了。特别是，小作者用"明亮又温暖的太阳可以驱散黑暗和寒冷"这个形象的比喻深刻地说明了温柔和善良"能战胜'怪兽'"这个感悟，而且把它与自己以前读过的书和爸爸妈妈讲过的故事联系起来，体现了生活的道理和书本的知识息息相关，说明小作者很善于思考。

五读教主总评

　　这篇读后感的题目新颖别致，引人思考。文章只截取了书中的一个很小的片段，却能够以小见大，为读者讲述了一个很深刻的道理——温柔地处理事情。小作者观察敏锐，善于思考，很注意把生活中的细节和读过的书本的内容融会贯通，从不同的实例中总结出共同的哲理，立意不落俗套，感悟深刻，又不失童真童趣，体现了快乐阅读的真谛。

守住初心，拒绝诱惑

读《毛毛》有感

蔡欣妍

世界很美，诱惑甚多。诱惑面前，我们能否守住初心，保持清醒呢？想到这里，我的眼前不禁浮现出了米切尔·恩德的《毛毛》这本书。这本书中令我感受最深的是灰绅士轻松征服吉吉的那部分内容。

故事大王吉吉是毛毛的好朋友。从前的他，快乐无忧，富有想象力和创造力，还有一颗充满正义的心。可是后来，受惑于金钱名利，他不再像从前那样编新故事，也不再寻找失踪的毛毛。他屈从于恐吓，忘记了要打败灰绅士的初心。没能守住初心、拒绝诱惑，吉吉也就失去了快乐、自尊和灵魂，"穷"得只剩下钱了。

由吉吉我想到了自己，想到了那次面对诱惑的经历。那是一次数学考试。一开始我所向披靡，孰料好景不长，一道难题挡住了我前进的步伐。我左思右想，却毫无头绪，悔得肠子都青了。前一天晚上，我为了早点看心心念念的动画片，复习时偷工减料，自动屏蔽最后一章的内容，没有复习。哪晓得第二天就考到了！我正焦急烦躁着，却在不经意间瞥见同桌的答案。我心中狂喜，正待落笔时，却犹豫了，理智和情感展开了激烈的搏斗。一个说："写吧，写吧。这是你无意中看到的，不算偷看，别人不会知道的。考了高分你才会获得称赞！"另一个说："莫要自欺欺人了，你若写下去，就玷污了考试的公正！偷来的荣誉还有价值吗？""对呀，我没经受住动画片的诱惑已经是错了，如果再经受不住虚假荣誉的诱惑，岂不是错上加错？不能再重蹈覆辙了！"想到这里，我的头脑瞬间清醒，该怎么做也就不言而喻了。

那次考试，我的成绩自然不尽如人意，不过那次直面诱惑的经历让我明白了一个道理：挡不住今天的诱惑，将失去明天的幸福！

诱惑是带刺的玫瑰，一不小心就会被扎得鲜血淋漓；诱惑是裹着糖衣的炮弹，稍有不慎，就会身心俱毁；诱惑是精神的"鸦片"，控制不住自己就会坠入深渊……守住初心，方得始终。拒绝诱惑，坚定前行。让我们点亮心灯，勇拒诱惑吧！

五读教主总评

　　这篇读后感立意鲜明，有很强的时代感。文章开头新颖，具有先声夺人的效果，结尾点题升华，耐人寻味。字里行间都可以感受到小作者情感细腻，感情充沛，善于与书中的人物对话，从书中感悟人生的真谛，并以此来引领自己走向正确的人生道路。这不正是阅读的目的吗？

赠人玫瑰，手有余香

《毛毛》读后感

孙沐熙

　　《毛毛》这本书讲述了小女孩毛毛勇敢地战胜时间窃贼的故事。虽然毛毛只是一个娇小的女孩，但她还是克服了一切困难，消灭了时间窃贼——灰绅士，将人们从冷漠中唤回，令他们恢复了往日对时间的热情。助人为乐的毛毛利用霍拉大师给她的一朵时间之花，让那些争夺时间的灰绅士化为乌有，把自己的朋友们从一心想节省时间的任务中一个一个地带回了现实，让他们重新成为自己认识的好朋友。

　　毛毛乐于助人的故事让我感动，使我想起

了那件事。有一次上体育课，老师让我们每四个同学为一组比赛跑步。就在我比赛结束后正气喘吁吁地休息时，我的好朋友王予仁那一组也开始了比赛。只见她身体前倾，前腿微弯，后腿绷得笔直，双手握拳。老师发出号令后，她便拼命奔向终点。正当我在心里为她暗暗加油时，不知她被什么东西绊倒了，"咚"的一声摔倒在地上。我心中一惊，赶紧上前，轻轻地扶起她。她刚把头抬起来，我就看见了一双被泪水沾湿的眼睛。

看着她走起路来一瘸一拐的样子，我十分担心，就扶着她走向医务室，当她把裤腿拉起时，我看见了一小片鲜红的血迹。校医说伤口上需要涂抹消毒液，予仁很怕疼，不由自主地瑟瑟发抖。我撸起了袖子，把我胳膊肘上的疤痕露给她看，然后伏在她耳边说："如果不抹药，你的伤口也会变成我这样哦！那样就不美观喽！"她听了之后，鼓起勇气，闭上眼睛，抓紧我的手，咬紧牙关，乖乖地让校医上药。中间有几次，她都疼得叫了起来，我绞尽脑汁，

细致的动作描写可以让我们对人物的形象有个整体的感知。好像我们正身临其境，在观看这场比赛一样。

想出了几个笑话，讲给她听，她的脸上露出了笑容，把恐惧都抛于脑后。看到她笑了，我的心里也很欢喜。

　　赠人玫瑰，手有余香。看见别人遇到困难时，我们应该助他们一臂之力，尽自己所能，帮助他们消灭那些讨厌的"拦路虎"，让他们走出"包围圈"。乐于助人，必得人善之！每个人都会经历许多的困难，我们也需要他人的帮助和鼓励。投我以木桃，报之以琼瑶！如果我们能相互帮助，这个世界就会少一点争吵，多一些祥和。

"拦路虎"、"包围圈"这样的词语，让我们感受到语言的魅力。困难这个抽象的名词被形象生动地展现在我们的面前。获得了帮助，困难便不再难。

五读教主总评

　　除了战胜时间窃贼，毛毛的品质也值得我们关注。小作者有一双发现美的眼睛，抓住了毛毛助人为乐的品质，并以此为出发点，抒发了自己的感想。小作者由毛毛想到自己，再联系自己的实际生活获得了更深的感悟。一句"投我以木桃，报之以琼瑶"不仅升华了主题，还体现出小作者的语文素养，为文章增添了语言之美。

知音难觅，吾当珍惜

读《毛毛》有感

李简晞

最近，我在书籍的海洋中畅游，读了许多书，其中《毛毛》这本书令我印象深刻。这本书让我认识到了友谊是无价之宝，知音更是世间少有。

主人公毛毛找到了一个知音——贝波，他矮小驼背、花白的平头，住在废墟旁的一间小屋子里，是一名平凡的清道夫。尽管大家觉得他反应迟钝，但毛毛没有嫌弃他，而是信任他，挖掘他的优点。毛毛发现贝波是位非常有智慧的老人，他的话富有人生哲理。毛毛对待贝波的态度，让我明白了结交朋友不能只看他的外表，也不能只看他是否有体面的职业或许多金钱，我们要欣赏朋友的优点，相信他、支持他、理解他，珍惜和他的友谊。

　　我也有一位知音，她和我年龄相仿，有着白皙的皮肤，深深的双眼皮下有一双美丽灵动的大眼睛。她非常瘦，还有点儿驼背。可这丝毫不影响我和她成为好朋友。我们一起玩耍，一起分享生活中的喜怒哀乐。更重要的是我们志同道合，都热爱学习，经常分享学习经验，分享书籍和资料。

　　她开始练习英文口语的时间比较早，于是她就把学习材料借给我，告诉我要多听多说多读。现在我们俩已经可以一起玩英语猜词游戏了。我们还一起参加了"希望之星"英语比赛，并且都通过了初赛。我掌握电脑键盘的打字技能时，她还不会盲打，只会"一指禅"。于是我就分享了一个打字软件给她，告诉她软件里有趣味性很强的打字游戏，让她参加闯关比赛提高打字技能，同时分享打字要点给她：手掌不能

　　多细致的感受！读后感可不是泛泛而谈，要抓住那个最精准的点，把自己的感受表达出来。毛毛与贝波的友谊多么可贵！毛毛无视他不太好看的外表、不太体面的职业、不宽裕的经济条件，用心发现他的人格魅力。

　　说到做到，不以貌取人。外表的上一点缺陷不能阻止"我们"成为好朋友。小作者用事实证明了自己的观点，很有说服力！

塌在键盘上，而应该像弹琴一样立起来，便于将手指迅速地移动到相应的键盘位置。

有人把知音比作灯，是它驱散了心中的阴霾；有人把知音比作火，是它温暖了冬天的夜；有人把知音比作雨，是它滋润了人们干涸的心田；而我把知音比作指南针，是它指引我找到人生的方向。我和毛毛都很幸运，找到了知音，我们彼此陪伴，相互促进，为生活增添了许多乐趣。希望我们都能找到知音，并好好珍惜这来之不易的友谊。

五读教主总评

　　当大家都把关注点放在"时间窃贼"之上时，小作者另辟蹊径，以友情为切入点来写读后感是不是让你眼前一亮呢？所以说，好的主题、与众不同的主题很容易让一篇文章出彩！本文的文字优美、语言流畅，让读者在温馨的氛围中读完了整篇文章。分享了自己的生活经验后，小作者再次联系《毛毛》这本书，说出了自己的美好期待，让读者有了愉快的阅读体验。

做时间的主人

读《毛毛》有感

吴承骏

　　今天，书架上一本叫《毛毛》的书引起了我的注意，这是妈妈昨天刚买回来的新书，我轻轻地拿起它，走到书桌前，坐下来，津津有味地阅读了起来。

　　这本书中让我印象最深刻的是一位名叫费恩的理发师，以前他花时间练习唱歌、喂鸟，但现在他再也没有时间做这些了，只是整天忙着给别人理发，其他什么都不管，看上去就像一个只会工作的机器人。这一切都是那些可恶的灰绅士造成的，他们专门偷窃人们的时间，让人们的生活失去乐趣，把人们变得没有思想。我觉得我们不能像费恩那样放弃兴趣爱好，过机械式的生活，我们的生活应该是丰富多彩的、快乐的，我们应该合理安排时间，做一些有意义的事。

其实在生活中，盗取时间的灰绅士就在我们身边，如果我们不合理规划时间，它就很容易被灰绅士偷走。我以前就是一个不会合理规划时间的人，写作业总是拖拖拉拉，有时边写边玩。走神、磨蹭就这么悄悄地把我的时间偷走了。有一次，当妈妈下班回来看到我还有那么多作业没完成时，气得火冒三丈，对着我大声吼道："你一个下午都干什么去了？为什么这么长时间过去了，作业还没完成？你这样浪费时间就是在浪费生命！时间走了就不会再回来了，所以时间是非常宝贵的，你一定要好好珍惜，知道吗？"

妈妈对我说得最多的一句话就是："时间就是生命，你要好好珍惜，你现在不努力，将来长大了一定会后悔的。"之前我并不在意，读完

读到这里，我们好像看到了妈妈愤怒的表情，听到了妈妈尖厉的声音。因为不少小读者都有被妈妈批评的经历，这段描写能够勾起大家相同的记忆。

《毛毛》这本书之后，我才明白了"一寸光阴一寸金，寸金难买寸光阴"的道理。我的走神、磨蹭不仅无限延长了做作业的时间，还占用了我休闲娱乐的时间。仔细想想，走神、磨蹭不就是让我没有办法合理安排时间，不能尽情享受快乐的灰绅士吗？从现在开始，我要改正爱开小差的毛病，专心做事，合理安排时间，防止灰绅士偷走我的时间，真正成为时间的主人。

五读教主总评

　　《毛毛》这本书让我们对时间有了一个比较形象的感知，所以小作者才会感叹"一寸光阴一寸金，寸金难买寸光阴"。费恩的故事对小作者的触动很大，他开始反思自己以往做得不好的地方，找出偷走自己时间的灰绅士——走神、磨蹭，从而决心改变不好的习惯。文章逻辑清晰，列举的事例很有代表性，说出了许多同龄人的心声。请读完《毛毛》这本书的你也试着找出偷走自己时间的灰绅士，跟他告别吧！

《长袜子皮皮》
读后感

神奇的朋友

读《长袜子皮皮》有感

李彦霏

读完《长袜子皮皮》这本书，我发现自己已经喜欢上了皮皮。

一开始，我以为住在破房子里的皮皮一定是坏孩子。她会把家里的东西砸烂，还会跟着她的爸爸一起去做坏事。但是，我继续读下去，才发现皮皮根本不是坏孩子。

皮皮搬到新家后交了两个好朋友——阿妮卡和杜米，他们经常一起玩游戏。有一次，皮皮带着他俩一起去捡破烂，为了不让两个朋友难过，她向他们吹嘘捡破烂比什么都好。皮皮总是这么乐观又仗义，我慢慢对皮皮有了好感。

越往后看，我越是希望有一个皮皮这样神奇的朋友。

当我被别人欺负了，壮实的皮皮会"咚"的一声出现在我面前，向那些大个子瞪大眼睛，鼻子喘着粗气，大声说："喂，你们不能欺负我的朋友！"然后，她就转身带着我高高兴兴地回家了。

当我没带钱，但又想买糖果的时候，皮皮又会及时出现，把手伸进她的裤兜，一下子摸出她的零花钱给我："来，想买多少糖果都可以！"我顿时开心起来，和皮皮一起选起了糖果。

皮皮就是这么神奇，能让她的朋友在不开心的时候开心起来。我对我的好朋友果果说："我看了一本书叫《长袜子皮皮》，我要是有一个皮皮这样的朋友就好了，你觉得呢？"

果果盯着我看了会儿，说："我觉得你有那么一点点像皮皮。"我感到不可思议，看着她。她想了想，对我说："你记不记得，有一次我们参加击剑团体赛，对手很厉害，我第一次上场

此处插入小作者的想象，紧扣"神奇的朋友"这个主题，联想皮皮成为我的朋友后发生的趣事，很有创意啊！

就被对方打了个五比二，袖子还被刺了一个洞。当我垂头丧气走下剑道时，你快速迎上来告诉我'没关系，这个洞就是胜利的小徽章，看我给你赢一把！'我看到你一点都没有受比分落后的影响，也一下来了精神，为你加油的时候喊得特别大声。那场比赛打得很艰难，但我们一直都不服输，最后还真的赢了对手。"她这会儿讲起那天的比赛还是很兴奋，我也听得很开心。哈哈，没想到我也有皮皮的大本领。

皮皮一定悄悄做过我的朋友，要不然，我怎么会变得像皮皮一样，还做了别人的"皮皮"？

结尾再次紧扣文章主题"神奇的朋友"，显得整篇文章更有整体性。原来，写读后感时，除了联系自身生活实际，还能适当地增加一些联想，让文章读起来更有趣！

五读教主总评

　　原来，读后感还可以这样写！在读书的过程中，小作者和皮皮成了朋友。这篇读后感先写了小作者对皮皮态度的改变；接着联想皮皮成为自己的朋友的场景；最后写自己做了别人的"皮皮"。文章语言真实，富有童趣，自然流畅。读一本书，书中的人物可以到"我"的世界，"我"也可以成为书中的那个人。读一本书，就可以认识书中许多新的朋友。愿每一位小读者都能和朋友们快乐度过每一天，和朋友们一起成长！

力大无穷的皮皮

读《长袜子皮皮》有感

补梓·墨

最近，一本名叫《长袜子皮皮》的书特别吸引我。这本书讲述的是一个叫皮皮的小女孩的故事，作者是瑞典的阿斯特丽德·林格伦奶奶，她被誉为永远的"童话外婆"。

故事的主人公皮皮有一个引人注目的特点：力大无穷。这"无穷"二字是当之无愧的。她能把小偷举到头顶上；她能把大力士阿道尔夫摔得大出洋相；她还能和鲨鱼打架。这力气大得真是天下无双啊！不过，皮皮的力气虽然大得可怕，但她控制得很不错，并没有用力气去伤害别人。

要是我也有皮皮这么大的力气就好了！有一次，我们班举行掰手腕大赛，我一路过关斩将，眼看就要成冠军了。突然，一座"大山"挡在我的面前，居然是我们班的大力士。

"天啊！我怎么赢得了他啊？"我忍不住嚷嚷起来。

"大力气"瞟了我一眼，不屑地说："就你？"

我气得浑身发抖，正想对准他一阵"炮轰"，可是还没等我开始，耳边就传来了裁判的声音，"三，二，一，比赛开始！"

时间不等人啊！我铆足了劲儿使劲把手腕往下压，牙咬得"咯噔咯噔"地响，脸憋得通红，手上的筋都露出来了。虽然我很努力，但还是"力不如人"。不出所料，不到几秒我就输了！和我相比，皮皮的力气不知道要大多少。要是我拥有皮皮那么大的力气，我就无人能敌了！

不过，我要是有了皮皮这么大的力气，可不能只想着要赢比赛，还得帮助需要帮助的人，比如帮爸爸妈妈搬包裹，帮老奶奶提东西……只要是我能做到的，我就要尽可能地帮助别人，这样才算是没有白费这身力气。要是只想着自己，那就太自私了。

最后，我希望你也去读一下这本书，因为它精彩绝伦，是一本非常不错的童话书哟！

此处的语言描写和神态描写很有趣，读者仿佛也跟随小作者来到了比赛现场。适当地增加一些真实的细节描写，会让读者更有画面感。

通过阅读，小作者有了希望自己的力气能像皮皮一样大的愿望，而且这个愿望不仅是为了自己，更是为了能帮助他人呢！

五读教主总评

　　小作者的这篇读后感，开篇就抓住了皮皮力大无穷的特点。他先简要列举了表现皮皮力气大的事例；接着联系自身，回忆了掰手腕的经历，有了想和皮皮力气一样大的愿望；最后，小作者表达了力气大不仅要赢比赛，还要帮助他人的想法。文章思路清晰，重点突出，语言富有趣味。我们惊喜地发现，阅读带给我们的不仅是知识的提升，更多的是心灵的成长。坚持阅读吧！我们的心灵将会持续受到滋养。

世界上没有不可能的事

读《长袜子皮皮》有感

姚凯文

我意犹未尽地放下刚读完的《长袜子皮皮》——一本很有趣的童话书。书中有个叫皮皮的小女孩，她其貌不扬，成天乐呵呵的，说话有些无厘头，但是她心地善良，喜欢"行侠仗义"。她独自住在一栋破破烂烂的房子里，有着迷一样的自信，闹出了许多"笑话"，也赢得了真挚的友谊。

皮皮说："世界上没有不可能的事。"尽管有时候皮皮自信得可笑，但她对待生活的态度永远是那样积极。有一次，皮皮、阿妮卡和杜

写读后感重在写感受。小作者选取皮皮说的话，再结合皮皮和朋友们相处的事例，引出了自己的感受——皮皮充满了自信。"自信"是这篇文章的"眼睛"哟！

米一起去山上晒太阳，她认为人往下飞比往上容易得多，还没等阿妮卡和杜米劝阻，皮皮已经到了峭壁上了。她一跃而下，幸好没有摔伤。她一点都不害怕，反而还幽默地说肚子里的烙饼太多了飞不起来。皮皮总是做着别人认为不可能的事情，可谁能明白，她是因为热爱生活才会这样自信呢？

此处由皮皮的自信，联系到小作者的生活。想要写清楚感受，不仅要简单叙述书中的事情，还要紧紧围绕感受联系生活实际。

这让我想起了一件事。有一次足球比赛，我和队友们迎战另一支球队。队友紧张地对我说："完了完了，这次我们肯定赢不了，这支球队是整个奥体班最厉害的队。"大家听他一说，都开始紧张了。

哨声一响，比赛开始了。我的一个队友带着球，看到对方球员前来拦截，便慌乱地朝旁边传球，可没想到传给了对方球员。对方球员配合很好，几次精准传球后，球直接射进了球门。

中场休息时，我们都很沮丧，有的队友还在悄悄地抹眼泪。这时，教练走了过来，让我们围在一起，"记住，没有赢不了的对手，你们的技术是很好的，只是太紧张了。如果你们自信起来，那就会攻无不克！"教练刚说完，下半场比赛就开始了。刚开始，对方还认为我们是之前怯场的对手，没想到我们气势突变，变得勇猛起来。我和队友自信地打起配合，当球传给前锋队友后，他做了几个精彩的过人动作，找准时机，一脚射门，我们欢呼了起来。这场比赛打得酣畅淋漓，我们把奥体班最强的队打败了。原来想打赢强队，真如皮皮说的那样，不是不可能的事情。

读完了《长袜子皮皮》，我知道了自信是非常重要的。卓别林说过："人必须有自信，这是成功的秘密。"看着书中的故事，联想到自己在生活中相似的经历，我似乎因皮皮的故事成长起来了。感谢《长袜子皮皮》的作者为我创造了一个闪闪发亮的、快乐而阳光的童话世界！

结尾处小作者紧扣文章的主题——自信，并引用名人名言，更具有说服力。值得一提的是，小作者还告诉了我们，读书能让人成长呢！

五读教主总评

　　小作者这篇读后感，用书中主人公皮皮的一句话作为题目，比直接将自信作为题目更能激发读者的阅读兴趣。读后感重在写感受，小作者先简单介绍皮皮的外貌和性格；再用皮皮的话和她与朋友相处的事例引出自己的感受；接着联系了自己生活中踢球的经历；最后告诉我们自己因皮皮的故事成长了。文章思路清晰，描写细致，行文流畅。从这篇读后感中，我们仿佛也能看到自己的影子。当然，阅读故事还能让我们成长。世界上没有不可能的事，祝愿所有的小读者都能自信、快乐地度过每一天！

分享是一种快乐

读《长袜子皮皮》有感

张雅淇

    书架上有一本让我爱不释手的书，我经常抽出来看，它就是《长袜子皮皮》。梳着红红的辫子，鼻子下有许多小雀斑，蓝红相间的衣服上有些补丁，鞋子总是比脚大一倍，这个怪异的女孩就是皮皮。她很幽默，常常让人大笑；她力气很大，可以举起一匹马；她很有智慧，在海上遇到坏人也不害怕……

    主角皮皮有很多缺点，但她的优点更让人印象深刻：乐于助人、大方、爱打抱不平。我常常被她感动。在她的优点中，我最喜欢她的慷

慨。她会买很多糖果分给镇上的孩子，自己只留一两颗。我想，这就是乐于分享吧！从小父母就教育我要学会分享，可我总不喜欢，每当被逼着分享时，我总是怒火冲天。直到有一次，我开始觉得分享是一种快乐。

一天下午，表妹来我家玩。她看上了一件玩具并想让我送给她。我一点也不愿意，她便"哇"的一声哭了。我听着她的哭声，更是心烦意乱，眉头紧皱，嘴都差点气歪了。这时，妈妈走过来让我想想办法，能不能让我和表妹都玩得开心。我咬了咬嘴唇，不情愿地把玩具递给她，头也猛地扭过去，不想再理她，心里仿佛有一团火燃烧着。她接过玩具，半信半疑地问："姐姐，真的给我了吗？"我瞟了她一眼，说："嗯。"我嘴上这么说，心里却想着："要不是妈妈，谁会给你呀！"她欢呼道："耶！姐姐太好了，谢谢姐姐。"看着她的笑脸，我突然没那么烦躁了，像冰雪被太阳融化了一样，我情不自禁地笑了，笑中充满了自豪和幸福。这时，我才觉得分享会给人带来快乐。从那以后，我经常和别人分享，每当分享后看见他们心满意足的笑容时，我就会很开心。

万物都在分享。太阳将热量分享给大地，使大地生机勃勃；大树将绿荫分享给人们，使人们感到凉爽；花儿将芬芳分享给我们，使我们愉悦；老师将知识分享给学生，为祖国培养人才……分享能让人感到快乐和满足。

分享只是皮皮众多优点中的一个，一旦你打开了这本令人着迷的书，你就一定会看到她身上的闪光点，也会爱上这个"怪异的"女孩。

五读教主总评

　　《长袜子皮皮》这本书很厚，但这篇读后感，小作者先是聚焦到皮皮买糖果和小朋友分享，自己却只留一两颗这个事例，感悟到了皮皮的优点——乐于分享，随后联系生活实际，进一步表达自己的观点"分享是一种快乐"。文章结构合理，流畅自然，我们能从字里行间感受到小作者的快乐。读故事就是体验不同人物的成长经历，和故事的主人公一起成长。瞧！我们还能通过阅读，学习书中人物的优点，这就是阅读带来的益处！

坚强的魅力

读《长袜子皮皮》有感

陈泽语

捧起《长袜子皮皮》，书上的一行字让我印象深刻：林格伦——瑞典民族精神。当我看到书本上林格伦的照片时，觉得她那双充满智慧的眼睛就像夜空中的星星一样，闪闪发光。这本书的主人公是皮皮，她也像星星一样发着光。因为，她有我最喜欢的一个优点——坚强。

皮皮虽然才九岁，但在她很小的时候，妈妈就离开了，她便一直跟着爸爸生活。一次海上航行时，他们遇上了龙卷风，爸爸失踪了。从此，她只能一个人生活。虽然皮皮独自住在

小作者运用了比喻的修辞手法，将作家的眼睛比作星星，引出皮皮也像星星，很能激起读者的阅读欲望哦！开篇还点明了文章主题——"坚强"。

东倒西歪的破烂房子里，但她用乐观看待不幸，坚强地生活着。

皮皮的坚强引起了我的共鸣。

七岁那年，我的手不知怎么的，突然没办法伸直了，手腕处还冒出了一个"小山包"。爸爸只好带我去儿童医院看病，医生叔叔说这是腱鞘炎，必须要动手术，让我过几天再来。

手术那天早上，我在床上磨磨蹭蹭半天，像只小虫子一样扭来扭去，就是不想从被子里钻出来。我的天呐！这可是我人生第一次动手术啊！一想到医生叔叔会拿起刀对着我，我就忍不住想"哇"的一声哭出来。

爸爸连哄带骗，把我从被窝里翻了出来。穿衣服、洗脸、刷牙、吃饭……尽管我想拖延时间，但爸爸看穿了我的"小花招"，三下五除二，把我塞进了车里。

到了医院，医生们看起来有点严肃，我更害怕了。但我是男子汉，应当坚强一点！我咬紧了牙关，手一伸，说道："来吧！医生叔叔，我有点害怕，能不能快点结束手术啊？"医生叔叔笑着说："放心吧！我先给你麻醉，你就不会感觉痛了。手术一会儿就结束了。"我悬着的一颗心终于揣回了肚子里。果然，手术很顺利，我醒来时手术已经结束了。这一次，我似乎体会到了坚强的魅力。

合上《长袜子皮皮》，我似乎已经融入故事里，和皮皮一起奔跑、一起调皮、一起乐观、一起坚强。皮皮的故事让我懂得了坚强的魅力，和皮皮一起成长！

皮皮的坚强让小作者联想到了自己的生活。通过阅读，联系自身成长中的故事，学习书中主人公的优点，相信你能成长得更快。

219

五读教主总评

　　读后感开篇便用作家的眼睛引出主人公皮皮，这种写法很特别！接着，小作者简单介绍了能反映皮皮的坚强的事例，然后联系自己的生活，回忆七岁时做手术的经历，再次点出了坚强的魅力。文章语言简洁，条理清晰，富有童趣。读一本好书能给我们带来许多启发，小作者便从中明白了坚强的魅力。坚持读有益的书，能让我们的生活更加美好、纯粹。让好书伴随我们一生吧！

像皮皮一样独立勇敢

读《长袜子皮皮》有感

陈政霖

《长袜子皮皮》由有着"瑞典的民族英雄"之称的林格伦奶奶所著。在这本妙趣横生的书里，皮皮的独立勇敢让我记忆犹新。

皮皮的妈妈很早就去世了，她的爸爸被卷进风暴漂到了霍屯督岛。她一个人住在爸爸以前买的房子里；她喜欢穿两只颜色不一样的长袜子；她能轻松地举起一匹马。皮皮和邻居家的杜米、阿妮卡，还有整条街的其他的小朋友，经历了许多有趣的事。

皮皮乐观开朗，淘气幽默，让我印象最深

小作者简单写了皮皮让自己印象深刻的事情，把独立勇敢的皮皮呈现在读者眼前，也表达了他对皮皮的喜爱。

小作者把自己与皮皮对比，自然引出下文。像小作者一样，一边阅读，一边思考，一边自省，阅读就有更大收获啦！

的是她会做家务，勇敢独立，爱和朋友分享美食。生日的时候，她做了一桌子美味的中国糕饼和点心，好吃得让杜米和阿妮卡都想搬到中国去了；圣诞节的时候，她会把积雪打扫干净，把屋子装扮得像圣诞节画片里的屋子一样漂亮，做圣诞节大餐——牛奶大米粥、火腿、香肠、椒盐小人饼干、油炸饼……这些美食让我垂涎欲滴！我喜欢皮皮的独立勇敢，羡慕她能够自己照顾自己的生活能力，喜欢她的乐于分享。这与当下饭来张口、衣来伸手的我们，显得格外不同。

记得有一次，爸爸出差了，妈妈还没下班，家里只有我一个人。等我终于把作业做完，肚子饿得咕咕叫，妈妈却打来电话说："我还要加班，你一个人先吃饭，晚上早点休息，注意安全。"我忙问："我吃什么呀？"还没等我说完，妈妈就匆匆忙忙挂了电话。从来没做过饭的我傻眼了。这时，我的肚子再次响起了抗议声。我只好硬着头皮来到厨房，努力回忆着妈妈给我煮面的场景：先把小锅拿出来，接满水，放到

灶具上，再点火。水烧开了，我把面条放到小锅里煮了一会儿，手忙脚乱地关掉火，盛出面条，放了盐就算大功告成了。晚上，我左等右等，可妈妈还不回家，我困得不行，只好自己上床睡觉。黑黑的屋子，让我十分害怕。我紧紧裹住被子，迷迷糊糊地睡着了。第二天，妈妈称赞我："小朋友会照顾自己了，是个小男子汉啦！"

从那以后，我经常向妈妈请教，学着煎蛋、包饺子，自己打扫房间，自己洗衣服，我深深体会到了像皮皮一样独立勇敢带给人的快乐。

读了《长袜子皮皮》，我知道了爸爸妈妈照顾我们很辛苦，我们要学会分担一些家务，独立自主，不要让他们为我们操心。皮皮的乐观开朗、独立勇敢，为我们打开了一扇热爱生活的窗，相信你也会爱上这本书的！

小作者运用了动作和语言描写，把自己的故事描述得真实生动，特别有画面感，让读者感同身受。

皮皮给小作者带来启发，也让他在生活中改变了自己。阅读带给我们的改变最能打动人，这就是阅读的力量呀！

五读教主总评

　　小作者的这篇读后感，先为我们介绍了他在阅读中，如何从皮皮的一件件趣事中，体会到主人公皮皮的独立勇敢；接着联系自己的生活，分享自己学着独立与勇敢的过程，着重分享了主人公皮皮带给自己的影响。文章行文流畅、结构清晰、语言简洁，读来轻松愉悦，让读者有代入感。小作者能够以书中喜欢的人物为榜样，学习她"独立勇敢"的美好品质，会阅读、会思考、会学习，真棒！我们不就是在阅读中，不断汲取营养，逐渐进步、逐渐成长的吗？